Revivre
après l'épreuve

Données de catalogage avant publication (Canada)

Deits, Bob, 1933-

Revivre après l'épreuve

Nouv. éd.
(Collection Psychologie)
Traduction de: *Life after loss.*

ISBN 2-7640-0368-4

1. Perte (Psychologie). 2. Événements stressants de la vie. 3. Deuil - Aspect psychologique. 4. Chagrin. 5. Consolation. I. Titre. II. Collection: Collection Psychologie (Éditions Quebecor).

BF575.D35D4314 1999 152.4 C99-940718-X

Cet ouvrage a été originellement publié par
Fisher Books
5669 N. Oracle Road, Suite 2103
P.O. Box 38040
Tucson, AZ 85740-8040, U.S.A.

sous le titre: *Life after Loss*

Publié avec la collaboration de
Montreal-Contacts/The Rights Agency
C.P. 596, Succ. «N»
Montréal (Québec)
H2X 3M6

LES ÉDITIONS QUEBECOR
7, chemin Bates
Outremont (Québec)
H2V 1A6
Téléphone: (514) 270-1746

Bibliothèque nationale du Québec
Bibliothèque nationale du Canada
ISBN 2-7640-0368-4

Conception de la page couverture: Bernard Langlois
Photo de la page couverture: Masterfile

BOB DEITS

Revivre après l'épreuve

LES ÉDITIONS
Quebecor

Table des matières

Je dédie ce livre

aux personnes courageuses qui ont partagé avec moi leur vie et leurs pertes dans le cadre des groupes de soutien sur le deuil à l'Église méthodiste unie Saint-Paul de Tucson, en Arizona;

au docteur Howard Clinebell junior, qui m'a fait connaître le sens profond de la pastorale;

à June Deits, qui, «pour le meilleur et pour le pire», a partagé ma vie depuis nos dix-huit ans.

Remerciements

Je dois tellement à tant de personnes qui m'ont aidé à faire de cet ouvrage une réalité, que le simple fait d'essayer de les nommer tous entraînerait forcément des oublis. C'est pourquoi je commencerai par remercier tous ceux qui ne sont pas nommés, mais qui auraient dû l'être. Merci pour votre aide.

Je tiens à exprimer ma reconnaissance à Howard, Helen et Bill Fisher, de Fisher Books. Quelque part dans le salmigondis de mots qui constituait ma version originale, ils ont vu un guide pratique. Cette reconnaissance s'étend aussi à tous leurs employés qui ont travaillé aux versions subséquentes pour que je sois fier du produit fini.

Mike Hammond occupe une place spéciale dans mon coeur parce qu'il s'est suffisamment intéressé à mon projet pour me présenter aux Fisher. Merci à ma fille, Jeanne Hughes, qui a parlé de mon projet à Mike et qui m'a amené à donner suite à la première rencontre avec Howard et Bill.

Plus de trente personnes, pourtant très occupées, ont pris le temps de lire les premières versions du manuscrit. Je les remercie tous des conseils sans prix qu'ils m'ont donnés et que l'ouvrage reflète.

Le comité de relations personnel-paroisse et la congrégation de l'Église méthodiste unie de Saint-Paul m'ont permis de mettre de côté mes tâches pastorales et administratives pour écrire. Mes collègues m'ont souvent remplacé. Merci à tous.

Je tiens à remercier tout spécialement mon frère, Frank Deits, dont le génie informatique n'est surpassé que par la patience dont il a fait preuve en me montrant à me servir d'un ordinateur. Je n'aurais *jamais* pu réussir sans lui! Merci aussi à Mary Deits, l'épouse de Frank, conseillère professionnelle, pour avoir partagé avec moi sa compréhension toute personnelle de la relation entre le corps et les émotions.

Je suis reconnaissant à tous les pionniers du domaine de la compréhension du deuil et de la perte, tout spécialement au docteur Glen Davidson, au rabbin Earl Grollman, d.d., au docteur Elizabeth Kübler-Ross, au rabbin Harold Kushner, au docteur Howard Clinebell Junior et au docteur Granger Westburg. Ces personnes ont largement contribué au bonheur humain en brisant la barrière du silence et en faisant du deuil quelque chose dont on peut parler ouvertement.

Par-dessus tout, je suis reconnaissant à mon épouse aimante et meilleure amie, June. C'est elle qui m'a persuadé que j'avais quelque chose à écrire, quelque chose qu'il fallait faire entendre, qui m'a poussé à écrire, qui s'est sacrifiée d'innombrables fois pour que je trouve le temps d'écrire, qui a lu chaque mot des douzaines de fois et qui ne m'a pas laissé arrêter avant la fin du livre. June partage aussi librement ses propres secrets de la vie après un deuil avec les autres participants aux ateliers et avec le lecteur dans les pages de cet ouvrage.

Bob Deits

Introduction

Voici un livre d'exercices autant que de lecture. Il parle de la vie, de la perte, du deuil et de la vie après une perte. Il vous dit comment vous pouvez prendre en main vos pertes, comment contrôler votre deuil et apprendre à profiter de la vie après une perte, quelle qu'elle soit. Il vous aide à comprendre vos émotions et vous donne une bonne idée de ce que vous pouvez attendre de vous-même quand tout s'écroule autour de vous.

Ce livre peut vous aider à venir en aide aux autres. Ministres du culte, conseillers, employés de centres d'accueil et toute personne qui cherche à aider un membre de sa famille ou un ami à traverser une période de perte trouveront dans ces lignes ce qu'il faut pour apporter une aide efficace.

Voici un livre dont vous avez besoin parce que:

La perte fait partie de la vie.

Personne n'est à l'abri d'un perte. En outre, une perte importante ne vous prémunit pas contre d'autres que vous réserve l'avenir. *Revivre après l'épreuve* vous aide à vous préparer à traverser toutes sortes d'expériences de perte.

Il n'y a pas de mots pour dire la perte.

Personne ne peut prévoir l'agonie émotionnelle et spirituelle qu'entraîne une perte majeure. Vous pouvez penser avoir perdu votre sens de l'estime de soi après un décès ou un divorce. La vie même semble avoir perdu son sens. Le meilleur soutien que vous puissiez trouver est celui d'un groupe composé de personnes qui ont aussi connu la perte et le deuil. L'annexe C vous explique comment mettre sur pied un groupe de soutien.

Le deuil incontrôlé peut détruire votre bonheur et votre santé.

Après une perte majeure, les possibilités de contracter une maladie grave sont beaucoup plus importantes que la normale, mais les choses n'ont pas à prendre cette tournure. Vous pouvez poser certains actes spécifiques pour protéger votre santé *et* retrouver votre bonheur. L'un de ces actes consiste à apporter une attention spéciale aux soins de votre corps pendant le deuil. Vous trouverez dans ce livre les grandes lignes qui vous aideront à protéger votre système immunitaire et à garder une attitude positive. L'annexe B contient des informations précieuses à propos de l'alimentation en période de stress.

Vous pouvez encore connaître une vie intense et pleine de sens après une perte.

La pire des pertes ne signifie pas que votre vie est terminée. Le deuil touche toujours à la perte, mais vous pouvez aussi y trouver un facteur de croissance.

Vous pouvez prendre la barre durant votre traversée du deuil, tout comme d'autres l'ont fait en suivant les étapes contenues dans ce livre.

J'ai commencé à animer des groupes de soutien sur le deuil et des ateliers pour les séminaires de croissance par le deuil parce que je croyais qu'on pouvait retirer plus de nos pertes que d'attendre et souffrir.

Plus j'ai fréquenté de gens endeuillés, plus j'ai acquis la conviction que le deuil pouvait devenir quelque chose de positif. Il n'est pas nécessaire que le deuil soit vécu dans la passivité. Il ne s'agit pas seulement d'un malheur qui s'abat sur vous; le deuil peut aussi devenir une entreprise que *vous menez* pour vous remettre sur pied à la suite de la perte d'un être cher, de la faillite d'un mariage, de la perte d'un emploi, d'un voisinage familier, ou de toute autre chose qui revêt une importance vitale à vos yeux.

Dans ce livre, vous verrez que le deuil est une réponse normale et appropriée à plusieurs des événements de la vie.

L'ouvrage vous aidera à identifier les réponses à des pertes majeures qui vous semblent souvent bizarres, mais qui sont parfaitement normales. Par exemple, le fait d'oublier ne signifie pas que vous perdez la tête, ou le fait d'éprouver de la colère au décès d'un être cher n'est pas mauvais en soi. Vos larmes constituent le meilleur signe que vous vous en sortez bien!

Les multiples exercices que vous y trouverez vous montreront à tout faire, depuis la manière de passer une bonne nuit de sommeil jusqu'à vous aider à vous faire pleurer pour adresser vos adieux à une partie de votre histoire personnelle désormais passée.

Vous apprendrez à demander — et à accepter — l'aide quand vous en avez le plus besoin. Vous apprendrez aussi une vérité à la fois étonnante et précieuse: le deuil est une expérience profondément personnelle, et passer efficacement cette épreuve ne se fait pas tout seul.

Les milliers d'heures passées à partager les pertes d'autres personnes m'ont appris que le deuil n'est pas laid et qu'il ne ressemble pas à une maladie comme le rhume ou la grippe. Guérir du deuil ressemble plus au fait de retrouver son équilibre après une chute.

Ce livre contient les comptes rendus personnels des réponses que de nombreuses personnes ont données à différentes expériences de perte, y compris ma propre expérience. J'espère qu'en lisant ce qui nous est arrivé vous perdrez un peu d'anxiété par rapport à vos propres pertes, et que vous serez davantage préparé à affronter vos pertes futures. Une telle attitude vous permet de développer une *bonne forme de deuil.*

L'une des grandes découvertes que vous ferez, c'est que, durant les périodes de deuil et de perte, votre meilleur ami, c'est *vous*! Vous êtes la seule personne capable de transformer votre affliction en une *douleur créative.*

Dieu et les pertes qui vous affligent restent toujours des sujets délicats et émouvants. Je n'essaierai pas de vous expliquer pourquoi Dieu permet la mort de ceux que vous aimez, l'éclatement de vos rêves ou vos souffrances. En lieu et place, vous trouverez dans ce livre l'aide dont vous avez besoin pour faire face autant à la dimension spirituelle du deuil qu'à toutes les autres facettes de la perte. Quand on l'utilise de façon appropriée, la religion peut devenir un outil important dans la guérison du deuil. Si on s'en sert mal, elle peut devenir une entrave.

J'ai écrit ce livre parce que la perte et le deuil ne sont pas tant nos ennemis que leur appréhension constante. Parler du deuil constitue une réponse normale et adéquate à toute expérience de perte majeure et une étape importante dans le processus de guérison.

L'information contenue dans cet ouvrage peut vous apporter du réconfort après une perte, mais elle peut aussi donner de la qualité à votre vie *avant* une perte.

Que ce livre soit pour vous, pour un membre de votre famille ou pour un ami, il peut transformer vos pertes en expériences de croissance et vous permettre de mener une vie saine et normale.

CHAPITRE 1

La perte et le deuil qui s'ensuit

La perte est une réalité de la vie

Aucune expérience n'est plus répandue ou normale que la perte de quelqu'un ou de quelque chose de vital. Il peut bien s'agir de la preuve indiscutable que nous sommes faits de chair et de sang, que nous sommes de véritables êtres humains.

Chaque jour nous apporte sa ration de nouvelles de décès, de divorces, de faillites commerciales, de maladies et de désastres naturels. Les petites annonces des journaux témoignent du fait que la famille moyenne déménage tous les cinq ans et perd ainsi les relations proches avec les amis, la famille et l'environnement familier.

De façon étonnante, une conspiration du silence recouvre toutes ces expériences communes de perte. Personne ne veut parler de perte.

Nous faisons comme si les pertes ne frappaient que les gens qui les méritent. Poussés dans nos derniers retranchements, nous finissons par admettre que personne n'est immortel, mais nous nous hâtons d'ajouter espérer que la mort frappe toujours plus tard, pas maintenant.

Nous sommes particulièrement persuadés que les pertes majeures n'arrivent qu'aux autres. Jim a été victime d'une crise cardiaque au travail (en fait, trois crises en l'espace de quelques heures). Il éprouvait pourtant les symptômes classiques clairs: battements cardiaques accélérés, douleur et restriction au niveau de la poitrine, sueurs froides et nausées. Il a combattu la faiblesse et l'étourdissement tout en grimpant les trois étages et en se répétant qu'il n'était pas sujet aux crises cardiaques. Après l'attaque, il s'est rétrospectivement aperçu qu'il avait ignoré les signes précurseurs pendant des mois. Jim n'a pas agi autrement que nous.

Posez-vous ces questions:

Est-ce que je crois que mon conjoint, mon enfant, mon père, ma mère ou mon grand ami peuvent mourir?

Comment est-ce que je ferais face au divorce, moi qui ai pensé que ça ne m'arriverait jamais?

Et si je perdais mon emploi?

Comment est-ce que je me sentirais si je vendais la maison dans laquelle j'ai vécu pendant des années pour déménager dans une ville étrangère?

Mieux vous faites face à vos pertes, plus heureux et plus en santé vous serez. Pour commencer, il faut briser le mur du silence et considérer la perte comme une réalité de la vie.

C'est le but de ce livre: offrir une compréhension nouvelle et plus profonde des pertes majeures et mineures de la vie. Il vous recommande aussi certaines façons de surmonter vos pertes.

Chaque perte majeure affecte votre vie de façon dramatique. Ces pertes continuent d'influencer votre bonheur et votre santé physique beaucoup plus longtemps qu'on ne peut le réaliser.

Il n'est pas agréable de penser à affronter une perte, mais c'est nécessaire. Et il y aura d'autres pertes encore. Et c'est encore une réalité de la vie. Les membres de votre famille et vos amis en subiront aussi.

La mort ou le divorce met fin à chaque mariage.

Chacune des relations humaines est temporaire.

Chaque emploi prend fin à un moment donné.

Dans la vie, vous n'atteindrez pas tous les objectifs que vous vous êtes fixés.

Le vieillissement est inévitable.

La perte est une partie inéluctable de la vie. Elle peut sembler injuste, mais elle est bien réelle.

La bonne nouvelle, c'est que vous pouvez traverser une expérience de perte majeure et ne pas en être détruit.

Marie souffre d'arthrite. Depuis des années, elle est confinée à un fauteuil roulant. Ses mains sont tellement tordues qu'on doit la nourrir. Elle combat la douleur sans relâche. Malgré tout, Marie est enjouée, elle a un sourire vainqueur, un esprit vif et une volonté inébranlable de profiter de la vie aussi longtemps qu'elle le pourra.

Marie a beaucoup pleuré. Elle sait ce que c'est que de perdre les capacités physiques que la plupart d'entre nous tiennent pour acquis. Elle a admis sa perte; elle ne l'a pas laissée détruire son moral et n'en a pas gardé d'amertume. Marie reste une personne bien en vie, elle est un modèle pour ceux qui la connaissent.

La plupart d'entre nous ont appris durant leur enfance à rechercher le bonheur et la satisfaction dans leurs réalisations. Notre succès se mesure à nos gains. À cause de cela, notre joie disparaît quand nous essuyons une perte majeure.

Pendant des années, Jim et Joanne ont préparé leur retraite. Ils ont soigneusement établi leur budget. Jim s'appliquait à son travail et avait réussi de bons placements. Quand Jim a pris sa retraite, son rêve s'est réalisé. La caravane qu'ils avaient attendue si longtemps les attendait maintenant dans l'entrée, prête à leur première aventure sur la route. Deux mois plus tard, Jim mourait d'une crise cardiaque.

Pour Robert, la perte a pris un autre visage. C'était un carriériste, et rien ne pouvait l'empêcher de s'élever au sommet de la compagnie. Il travaillait sans compter les heures et gagnait énormément d'argent. Quand sa femme se plaignait de ses absences trop fréquentes, il lui rappelait qu'elle vivait dans une belle maison bien située et qu'elle devrait en être reconnaissante. Plus tard, ils auraient bien le temps de s'amuser. Un jour, un homme est venu au bureau de Robert lui signifier une demande de divorce. Quand j'ai rencontré Robert, il tentait de s'adapter à la vie d'appartement, au fait de voir ses enfants quand la Cour le lui permettait et de se retrouver célibataire à 38 ans.

J'ai parlé récemment à un couple venu de l'Ouest pour s'établir dans la ville où j'habite. Ed avait bénéficié d'une promotion, d'une bonne augmentation de salaire et avait été assigné à la succursale de la compagnie d'ici. La joie de Reine et d'Ed n'a duré qu'un mois. Après ce délai, le sentiment de perte s'est installé en eux.

Leur maison, leurs amis, leur environnement leur manquaient. Reine s'ennuyait même du climat qu'ils avaient voulu fuir. On les aurait dit incapables de profiter de leur nouvel environnement. Aucune paroisse ne pouvait se comparer à celle qu'ils avaient quittée. Les gens de leur voisinage leur semblaient froids et hostiles. Moins de six mois après leur arrivée, Reine et Ed parlaient de faire leurs bagages, de retourner à l'ancien emploi, à l'ancien salaire et à l'ancienne température.

Même s'ils rentraient «chez eux», la situation ne serait plus la même; et c'était là le problème. Leur rêve d'une vie nouvelle serait perdu à tout jamais. Leur amour-propre en prendrait un sale coup.

Quelle que soit leur décision, ils perdaient. Leur bonheur, qu'il soit dans leur nouvelle maison ou dans leur ancien quartier, dépendra de leur façon d'affronter leur perte.

Le mot qui décrit le plus adéquatement ce qui arrive à ces personnes est *deuil*. Ce mot exprime l'expérience de Marie, de Joanne et de Robert. Il parle aussi de votre expérience et de la mienne. *Chaque* perte entraîne un deuil.

Le deuil rend parfaitement compte de la réponse qui convient à la perte d'un animal, d'un rêve, d'un emploi, d'un mariage, d'une période de la vie, de la santé, d'un environnement, de l'amour-propre, d'une aventure sentimentale, de la sécurité ou de toute autre perte à laquelle vous pouvez penser.

«Deuil» n'est pas un mauvais mot. Ce n'est pas non plus un signe de faiblesse ou de manque de foi. Ce n'est pas non plus un sentiment inavouable. Le sentiment de deuil n'est pas pire que celui de joie. Il est sûrement plus agréable d'éprouver de la joie, mais ce n'est pas mieux. Le meilleur sentiment que vous puissiez éprouver dépend de ce qui se passe dans votre vie.

Si quelque chose de bon ou d'agréable vous arrive, il est normal de ressentir de la joie.

Si vous subissez une perte, il est tout aussi normal de ressentir de la peine.

Si l'un de vos proches est mort, ou si vous avez subi une autre perte importante, vous savez que les amis de bonne volonté vous féliciteront de ne pas paraître triste en leur présence. Si vous parvenez à vous empêcher de pleurer en public, même après la pire perte de votre existence, quelqu'un fera votre éloge, il dira que vous vous comportez *tellement bien.* Cependant, le refus des larmes constitue un comportement inapproprié et peut entraîner une maladie chronique ou une dépression grave. Pour aller *vraiment bien,* vous devez exprimer votre tristesse en toute liberté et aussi longtemps que vous en éprouvez le besoin.

Dans le cadre d'études et de sondages, on a souvent demandé au public: «Combien de temps devrait-on pleurer un être cher?» La réponse la plus fréquente a été que nous devrions cesser d'avoir mal entre 48 heures et deux semaines après le décès!

Les recherches du docteur Glen Davidson, l'un des pionniers dans le domaine de la recherche sur le deuil, ont révélé que la plupart des gens ont besoin d'au moins deux ans pour retrouver une vie normale après une perte majeure[1].

Cependant, il y a quand même un danger à établir une période de deux ans pour faire le deuil de quelqu'un. Yogi Berra, le célèbre gérant et joueur de baseball, a déjà dit qu'une partie de baseball n'est jamais finie avant la fin.

Le deuil procède de cette façon après une perte majeure. Le deuil prend fin quand il prend fin. J'ai déjà entendu quelqu'un affirmer: «Je suis tellement soulagé de voir que les autres n'ont pas tout réglé! Je pensais que j'étais le seul incapable de faire face à ma perte comme je l'aurais dû.»

Le deuil n'est pas raisonnable. La perte, de quelque nature qu'elle soit, peut s'avérer une expérience dévastatrice. Parce que nous ne répondons pas *correctement* aux attentes des autres en ce sens, la culpabilité est bien la dernière chose dont nous ayons besoin dans ce temps-là.

---

1. Glen W. Davidson, *Understanding Mourning*, Minneapolis, Augsburg, 1984.

Si vous éprouvez encore des difficultés après une perte subie il y a deux, trois, ou même quatre ans, il y a une très bonne raison: vous n'avez pas fini votre deuil. Cela ne veut pas dire que vous êtes faible. Cela ne fait pas de vous une mauvaise personne. Cela signifie que vous avez encore du travail à faire. Vous n'avez pas besoin de vous sentir embarrassé ou gêné quand vous cherchez de l'aide pour y arriver.

Même si le processus du deuil est étonnamment long, il n'est ni négatif ni morbide. Souvenez-vous: le deuil mesure l'importance de la perte à vos yeux. La tristesse et le vide que vous ressentez sont des réponses appropriées.

Earl Grollman, le conseiller de renom international en matière de décès, a déclaré que la perte d'un être cher constitue l'un des changements les plus stressants de *toute* l'existence.

«Vous pouvez vous regarder dans le miroir et ne pas vous reconnaître. Quelque chose en vous a disparu, que vous ne pourrez jamais retrouver[1].»

Votre deuil représente votre affection et témoigne de la qualité de ce qui a été perdu. Je vous encourage à porter votre deuil aussi fièrement qu'une fleur à la boutonnière. Quand un être cher meurt, votre deuil devient votre ultime — et peut-être votre plus profonde — preuve d'amour.

On peut dire la même chose du deuil qui vous affecte à la fin d'un mariage. Dans toute relation conjugale, rien n'est complètement négatif. Même dans le pire des mariages, certains des moments partagés ont été bons et significatifs. Ces moments-là valent qu'on les pleure. Vos rêves détruits, s'il ne reste que cela, méritent bien vos larmes.

Le divorce constitue en soi une perte terrible. «Je pense que je pleurais le fait que j'étais devenue une divorcée,

---

1. Earl Grollman, *Time Remembered*, Boston, Beacon Press, 1987.

m'a dit Nancy. Je n'aurais jamais voulu porter cette étiquette-là.»

Il n'y a rien de mal non plus à admettre l'importance des racines qui nous rattachent à un milieu; il n'y a rien de mal à pleurer la perte de cet endroit quand nous déménageons.

Même les pertes les moins importantes de votre vie hantent votre mémoire et vos émotions; elles y accumulent une énergie suffisante pour que vous puissiez les ressentir.

Avez-vous déjà éprouvé une réaction démesurée à la suite d'une déception? Vous êtes-vous déjà senti irritable et colérique sans raison? Ces comportements proviennent souvent de pertes somme toute mineures qui ont joint leur énergie à celles de maintes pertes passées oubliées qui se rappellent à vous.

Durant les après-midi d'été, il arrive souvent que des nuages d'orage s'accumulent dans le ciel. Parfois, l'humidité et la brise s'élèvent. Par contre, parfois, la brise se transforme en vent violent que suit une pluie drue. Les météorologues nous disent que ces moussons surviennent quand l'atmosphère a emmagasiné les bonnes conditions et que quelque chose vient leur servir de détonateur.

Nos expériences de pertes accumulées ressemblent à ces orages. Nous les entassons pendant un certain temps jusqu'à ce que survienne un événement qui met le feu aux poudres et déclenche l'averse violente de nos sentiments. C'est pourquoi, il n'est pas étonnant que nous versions parfois toutes les larmes de notre corps sur ce qui semble une peccadille.

«La mort n'est pas l'ennemie, a dit Norman Cousins, contrairement au fait de vivre dans la peur constante de la mort.» Je le paraphraserai un peu pour vous dire: *«La perte n'est pas votre ennemie, contrairement au fait de vivre dans l'appréhension constante de la perte.»*

Si nous acceptons que le deuil réponde normalement à une perte, nous devenons libres de l'éprouver sans culpabilité ni sentiment de faiblesse.

Si le deuil n'est pas tabou, nous pouvons commencer à briser la barrière du silence qui l'entoure, ce qui constitue la première étape à franchir pour découvrir la vie après la perte.

Si nous ne faisons pas du deuil l'ennemi public numéro un, avec le temps, le deuil peut même devenir un ami.

C H A P I T R E 2

Retrouver son équilibre

Se remettre sur pied

Vous mettrez un certain temps à vous remettre de la douleur qui suit une perte majeure. Cela ne signifie pas que votre douleur est synonyme de maladie. La convalescence qui fait suite à une perte ne ressemble pas à celle qui suit une grippe. Prendre deux aspirines, vous aliter et attendre que le mal s'en aille ne vous seront d'aucun secours.

Certaines personnes essayent parfois d'endormir leur mal à coups de médicaments. Ce remède n'est pas efficace. Mais j'avoue qu'il est bien tentant. Vous pouvez toujours trouver un médecin qui vous prescrira des médicaments pour soulager la douleur. Mais, la plupart du temps, vous n'y puiserez aucune aide. La médication cause, en effet, souvent plus de tort que de bien. Elle peut enrober vos sentiments, vous rendre confus, et vous empêcher de grandir par votre expérience de perte.

La seule médication qui s'impose convient aux dépressions majeures et à l'anxiété grave. Dans ces cas-là, la combinaison de médicaments soigneusement prescrits et de psychothérapie peut constituer une mesure d'urgence efficace.

Pour maîtriser une perte, vous devez lui faire face; ce que vous n'êtes pas en mesure de faire quand vous êtes béatement médicamenté.

La convalescence dont on parle ressemble plus au fait de retrouver son équilibre après une chute. Quand vous subissez une perte majeure, comme le décès d'un membre de votre famille, un divorce ou un déménagement, vous avez l'impression qu'un gros camion vous a écrasé. La perte vous affecte émotionnellement, physiquement et spirituellement. Avant que votre vie puisse retrouver un quelconque sens de la plénitude, vous devrez recouvrer votre équilibre.

Après la mort d'un être cher, les gens me disent souvent: «Je suis en bouillie», ou «ça m'a jeté par terre». Ils n'exagèrent pas. Ils décrivent fort bien ce que nous ressentons tous. La vie semble s'écrouler. Nous pouvons devenir confus ou éprouver des trous de mémoire. On me dit souvent à quel point les gens ont du mal à retourner au travail ou à l'église.

Les pertes peuvent encore affecter d'autres relations familiales:

Le divorce peut provoquer la confusion de la loyauté parmi les membres de la famille.

Après le décès d'un enfant, vous pouvez avoir du mal à démêler vos sentiments à l'égard de vos autres enfants.

À la mort de votre conjoint, les autres membres de la famille peuvent sembler vous être indifférents, ou ils peuvent vous paraître froids.

Linda et son mari se promenaient un soir au coucher du soleil. Ils discutaient des choses qu'ils feraient à la retraite, même si dix ans encore les séparaient de ce moment. Tôt le lendemain matin, Linda s'éveillait aux efforts de son mari pour respirer. Il mourait une heure après son arrivée à l'hôpital, sans même avoir repris conscience.

«C'était comme si j'avais avalé une sorte de tube glacé qui avait gelé ma gorge, mon coeur et mes émotions», rapportait Linda en s'efforçant de décrire sa réaction à la mort de son mari. «Je n'ai pas pleuré jusque après les funérailles. Au début, je n'éprouvais pas de tristesse particulière. À vrai dire, je ne ressentais rien du tout. Je ressemblais à un zombi qui se borne à faire machinalement les gestes quotidiens. À l'intérieur, j'étais aussi morte que mon mari.»

D'autres personnes réagissent hystériquement. Monique, par exemple, conduisait un groupe d'enfants du voisinage chez le marchand de crème glacée. Quelque part en route, son propre enfant est mort étouffé sur le siège arrière. Elle ne s'est aperçue de rien avant son arrivée à destination.

Le jour des funérailles, la famille m'a téléphoné pour me dire que Monique souffrait d'hyperventilation. Aussitôt qu'elle pouvait respirer, elle se mettait à hurler jusqu'à ce qu'elle perde le souffle encore une fois. Je me suis rendu à la maison et j'ai fait sortir tout le monde, à l'exception de Monique.

Quand nous nous sommes retrouvés seuls, je lui ai dit que je voulais rester avec elle, que je comprenais à la fois l'immensité de sa perte et sa culpabilité. «Monique, ai-je ajouté, tu peux réagir comme tu le veux à ce malheur épouvantable. Si tu en as envie, tu peux faire de l'hyperventilation, crier, vomir, mouiller ton pantalon; tu peux faire tout ce dont tu as envie pour réussir à passer à travers les funérailles, cet après-midi. Je ne te laisserai pas te blesser, et il y a ici suffisamment de gens pour ramasser les dégâts.»

Pendant un bon moment, elle m'a regardé droit dans les yeux, puis elle a jeté les bras autour de mon cou et s'est mise à sangloter, pas de façon hystérique, mais de chagrin, d'une peine qui convenait tout à fait à la perte de son bébé.

Plus tard, elle ne se souvenait pas d'avoir perdu le contrôle; elle se rappelait seulement s'être sentie mieux après mon arrivée.

Garder son calme n'est pas mieux que de s'effondrer en larmes. Ni Monique ni Linda n'ont mal réagi à leur perte. Chacune d'elles a répondu de façon à protéger ses émotions éclatées. Sans même le savoir, elles commençaient toutes deux à guérir.

Au cours des jours ou des semaines qui suivent une perte, on peut indifféremment faire montre de gentillesse ou d'amertume. Votre réaction première est involontaire; c'est comme un éternuement quand quelque chose vous chatouille le nez. C'est le moment de vous rappeler que vous ne vous sentirez pas toujours de cette façon.

Vous ne pouvez pas prévoir vos réactions à une perte majeure. Vous aurez été jeté par terre. Comme si les fondations de votre existence même s'étaient écroulées. Vous devriez vous attendre à mettre un certain temps pour vous relever et retrouver votre équilibre.

Essayez de vous souvenir d'une perte déjà survenue dans votre vie:

Rappelez-vous à quel point cette expérience vous a laissé une impression de morcellement.

Notez quelques-uns des sentiments que vous avez éprouvés à ce moment-là. La liste des sentiments de l'annexe A vous aidera à exprimer ces émotions.

Avec qui avez-vous parlé de ces sentiments?

Si vous réagissez comme la plupart d'entre nous, vous gardez sans doute pour vous vos pensées et vos sentiments.

Le deuil et la perte sont des expériences dont nous ne parlons pas suffisamment. À cause de la conspiration du silence, nous nous rendons souvent plus difficile la guérison. Nous trouvons fréquemment déplacées des réactions pourtant parfaitement normales.

«Tu veux dire que d'autres personnes font la même chose? Je pensais que je devenais fou!» Voilà un commentaire que j'entends bien souvent dans le cadre des groupes de soutien sur le deuil. Très peu de gens sombrent vraiment dans la maladie mentale au cours de la convalescence du deuil, mais presque tout le monde fait des folies. Quand un être cher meurt (même un animal domestique), vous pouvez affronter les questions de la sécurité, de l'amour-propre et de la dépression. Autant à vos propres yeux qu'à ceux des autres, vous pouvez alors agir et penser de façon étrange.

Les pertes de mémoire

Durant les trois ou quatre premiers mois qui suivent le décès d'un conjoint, il arrive trop souvent que le survivant souffre de troubles de mémoire. Les veufs me disent de suggérer aux nouveaux veufs de conserver un jeu de clés supplémentaire dans l'une de ces boîtes aimantées que l'on place sous l'aile d'une voiture. Ils leur recommandent aussi de laisser un jeu de clés supplémentaire à un voisin de confiance. On devrait écrire même les numéros de téléphone les plus familiers, en garder une copie sur soi et en placer une autre près de l'appareil.

Chaque fois que je rencontre un groupe de personnes endeuillées, nous passons un certain temps à rire de nos oublis. Il m'arrive évidemment aussi d'oublier! Quand nous avons emménagé dans cette province, j'ai oublié quatre fois mes clés dans la voiture verrouillée au cours des six premiers mois.

Il se peut que les tâches les plus routinières vous semblent tout à coup insurmontables. Si c'est le cas, bienvenue dans le groupe! Suzanne, une secrétaire, tapait sans difficulté ni erreur 80 mots à la minute. Un mois après son divorce, elle se plaignait de ne pouvoir dactylographier correctement son propre nom. En période de deuil, vous devriez placer des aide-mémoire à votre intention, des rappels qui vont des commutateurs jusqu'aux ronds de la cuisinière.

Ce qui vous arrive équivaut à la surcharge d'un circuit électrique. Ce n'est pas mauvais en soi. C'est en fait une étape nécessaire à la plupart d'entre nous. Vous continuerez de progresser sur la voie de la guérison. Ce qui vous arrive fait partie de ce processus. Mieux vous le comprendrez, moins il vous effraiera.

Je vous suggère d'écrire ce qui suit sur un bout de papier que vous fixerez à la porte de votre réfrigérateur:

Je vais bien. Le deuil ne me fera pas de mal.

Je passerai au travers, comme d'autres l'ont fait avant moi.

Je ne me sentirai pas toujours aussi mal qu'en ce moment.

Ce qui vous arrive indique la progression le long du chemin de la guérison. Vous ne tombez pas en pièces. Vous retrouvez, au contraire, vos morceaux.

Vous ne vous sentirez pas toujours aussi mal. Vous pouvez grandir pendant votre convalescence.

Après une perte majeure, la guérison suit un motif prévisible. Il est important que vous le sachiez. L'équilibre ne se produit pas tout simplement; ce n'est pas comme prendre l'ascenseur dans le sous-sol du deuil pour en sortir au penthouse du bonheur. Ça ne ressemble pas non plus à l'escalade d'une volée d'escaliers solides munis d'une bonne rampe.

Parfois, la convalescence à la suite du deuil ressemble à un labyrinthe; elle semble désespérée, sans issue. On dirait, la plupart du temps, que vous essayez de marcher sur les rails bien huilés des montagnes russes.

Les larmes

Tout le long de la route qui mène à votre plénitude, vous pourrez verser encore plus de larmes que votre corps ne semble pouvoir en contenir. «Je comprends maintenant pourquoi on dit que le corps humain est surtout composé d'eau», racontait une veuve, quatre mois après la mort de son mari. «J'ai tellement pleuré que j'aurais pu remplir une piscine.»

Je crois beaucoup aux larmes. Dans mon bureau se trouve une affiche sur laquelle on peut lire: «Les gens et les larmes sont les bienvenus ici.» Je place toujours bien à la vue une pleine boîte de kleenex, et j'en conserve plusieurs autres dans l'armoire. Quand quelqu'un vient me parler du bris de son mariage, de la mort de son conjoint ou d'un enfant fugueur, je veux que cette personne se sente libre de pleurer autant qu'elle en a besoin.

Si vous avez subi une perte majeure au cours de la dernière année, vous devriez pleurer. C'est encore plus vrai si vous êtes un homme. La plupart des hommes ont grandi en se faisant répéter que «les hommes ne pleurent pas». On ne peut intimer d'ordre plus malsain.

Pleurer est l'une des choses les plus saines que vous puissiez faire. Les études ont démontré que les larmes de chagrin diffèrent chimiquement des larmes de joie. Les larmes de tristesse libèrent des substances calmantes. On ne raconte pas d'histoires quand on dit que rien ne vaut une bonne crise de larmes. Les pleurs signalent aussi que vous entamez le processus de guérison.

Jacques est venu me voir quelques mois après la mort de sa femme. Depuis son décès, il n'était pas revenu à l'église. Par le passé, Jacques et sa femme manquaient rarement un dimanche. Il m'a raconté qu'il s'était rendu plusieurs fois à la porte, mais qu'il n'avait pu se résoudre à entrer. Il commençait à pleurer aussitôt que les images d'Hélène à son côté, chantant les hymnes, revenaient à sa mémoire. Chaque fois qu'il voulait entrer, il tournait les talons à la porte et rentrait pleurer chez lui. Il ne voulait pas qu'on le voie «faible» à ce point.

En parlant avec lui, j'ai découvert qu'il dormait mal et ne mangeait pas régulièrement. À l'occasion, il souffrait aussi de douleurs à la poitrine et avait le souffle court.

J'ai dit à Jacques que sa répugnance à pleurer le faisait souffrir et l'empêchait d'accepter la mort d'Hélène. Ce n'était peut-être pas gentil, mais je l'ai réprimandé pour avoir laissé son orgueil l'éloigner de l'église et pour n'avoir pas cru que nous puissions comprendre sa peine.

Je lui ai rappelé que la «chambre des larmes», derrière le sanctuaire, ne se destine pas qu'aux parents dont les enfants pleurent, mais qu'elle sert aussi aux adultes qui éprouvent le besoin de pleurer et ne se sentent pas à l'aise de le faire en public. Je l'ai également enjoint d'assister aux rencontres du groupe de soutien sur le deuil où il pourrait parler et pleurer avec des personnes susceptibles de le comprendre. Jacques a suivi mes conseils.

En l'espace de quelques semaines, il avait quitté la «chambre des larmes» et rejoint les autres membres de la communauté. Il a commencé à mieux dormir et à mieux s'alimenter. Sa santé physique a repris son cours normal.

Comme Jacques, vous pourrez mieux faire face à vos pertes et à votre deuil si vous avez une idée de ce que vous attendez de vous-même. Cela vous aidera sans doute de savoir que:

les larmes ne sont pas des signes de faiblesse; elles indiquent plutôt la guérison;

vous n'êtes pas seul à éprouver les sentiments que vous ressentez;

le deuil dure un certain temps;

votre guérison s'effectue suivant diverses étapes;

vos progrès se manifestent par des signes visibles.

Toute perte bouleverse. La mort n'est pas la seule responsable du charivari de votre équilibre. Le divorce, le déménagement, la perte financière, le départ des enfants et la maladie sont autant d'expériences dévastatrices pour vous.

Ces expériences arrivent à tout le monde. Elles vous déséquilibrent. Avant de poursuivre votre existence, vous devez vous remettre sur pied. Cette guérison exige du temps, de l'attention et du travail.

Si vous ne prenez pas le temps de prêter attention à votre deuil, si vous n'accomplissez pas le travail nécessaire, votre vie, après une perte majeure, ne sera jamais aussi pleine qu'elle le devrait.

CHAPITRE 3

Les étapes qui mènent à la guérison

Le chemin de la plénitude

Quatre étapes conduisent à la guérison du deuil. Ces échelons s'étendent sur une période qui varie de quelques mois à trois ans, parfois plus. Certains d'entre eux semblent automatiques; ils échappent à votre contrôle. Les autres vous demandent énormément de volonté. Ce sont:

le choc et l'engourdissement;

la dénégation et le retrait;

la reconnaissance et la douleur;

l'adaptation et le renouvellement.

La compréhension de ces étapes vous aidera à affronter plus efficacement votre deuil. Elle vous permettra aussi d'aider votre famille et vos amis à réaliser ce qui se passe et à trouver des moyens de vous soutenir efficacement.

Le choc et l'engourdissement

Durant les sept ou dix premiers jours qui suivent une perte majeure, vous vous sentirez probablement assommé, commotionné et confus. Vous pourrez aussi vous sentir gelé ou hystérique. De toute façon, vous aurez plus tard du mal à vous souvenir de ce qui s'est passé.

Votre réaction vient d'un réflexe qui bloque tout votre système émotionnel. De quelque façon que se manifeste votre réaction émotionnelle, vous sentirez un certain engourdissement intérieur.

J'aime songer que Dieu ou la nature nous procure temporairement une sorte de coussin pour nous prémunir contre la violence de l'impact de nos pertes. On dirait une petite escale dans un port tranquille avant d'entreprendre le très long voyage qui nous mène depuis l'agonie du deuil jusqu'au sens renouvelé de la joie.

Quelques jours après la mort d'un être cher, après les funérailles et le départ de la famille, le choc commence à s'estomper. C'est le moment d'avoir quelqu'un à vos côtés. Ce n'est pas le moment de prendre des décisions dont les répercussions affecteront votre vie.

Les gens qui se défont de leurs vêtements et de leurs biens, qui décident de déménager ou de laisser leur emploi dans les semaines qui suivent la mort d'un être cher, regrettent souvent leurs décisions.

En cas de divorce, le choc se produit soit quand l'un des conjoints annonce à l'autre son intention de divorcer, soit au moment de la demande elle-même.

Un jour, j'ai reçu un appel de Jean, un ami de longue date. Il me téléphonait depuis une autre province. «Bob», a-t-il dit d'une voix étouffée, «Margot veut divorcer. Elle ne veut plus être mariée avec moi! Je me répète que ça ne peut pas nous arriver, que je vais me réveiller dans un instant. Je ne peux pas y croire!»

C'était maintenant à mon tour de subir le choc. Nous connaissions Jean et Margot depuis plus de douze ans. Nos familles ont partagé plusieurs expériences. Je pensais que je les connaissais autant que ma propre famille. C'était bien le dernier couple que je m'attendais à voir divorcer.

J'ai marmonné quelque chose à Jean pour lui demander ce qui s'était passé, mais je n'arrive pas à me rappeler ce qu'il m'a dit après cela. Mon esprit ramenait plutôt à toute vitesse les longues heures que nous avions passées dans un chalet de montagne à élaborer des projets d'avenir: le restaurant imaginaire dont nous avions planifié les moindres détails, les voyages que nous entreprendrions, les mariages de nos enfants respectifs auxquels nous assisterions ensemble. Rien de tout cela ne se produirait plus. Les larmes me montaient aux yeux.

Quand j'ai raccroché, je suis resté assis pendant plusieurs minutes; une demi-heure, peut-être plus. Je ne sais vraiment pas. Finalement, je me suis dit que je devais téléphoner à ma femme au travail et lui annoncer la nouvelle. Quand elle a décroché, j'avais du mal à parler. Je suis persuadé que j'ai continué à travailler ce jour-là, mais je ne le faisais que machinalement.

La perte de nos rêves augmentait le choc de perdre nos amis en tant que couple. Je ne pouvais pas m'occuper de ce divorce avec mon détachement professionnel habituel.

Pour Jean et Margot, le choc prenait le visage de leurs aspirations perdues. Les enfants, qu'aimaient pourtant les parents, devaient apprendre à vivre dans deux maisons. Jean et Margot devaient se diviser les biens et annoncer la nouvelle à leurs amis et à leurs familles. Ils n'avaient sûrement pas prévu l'avenir de cette façon! Suivraient aussi les inévitables sentiments d'échec, de rejet et de colère et tous les mots âpres.

Jean et Margot m'ont appris que le choc et le deuil qui succèdent au divorce valent bien ceux qui suivent un décès. Le choc met aussi environ une semaine à se dissiper. Et la guérison prend beaucoup de temps.

Le choc que nous subissons en arrivant dans une nouvelle ville survient quand nous constatons l'étrangeté de notre nouvel environnement. Un jeune couple, portant un petit bébé, est un jour arrivé en larmes à mon bureau. Ils avaient emménagé quelques jours plus tôt. Tout semblait leur convenir. Ils avaient trouvé un logement et lui devait commencer à travailler le lundi suivant. Leurs biens étaient parvenus à destination sans dommages.

Mais, ce matin-là, le bébé s'était réveillé avec de la fièvre. Le choc les a atteints tout à coup. Ils ne savaient pas comment trouver un médecin dans notre grande ville. Ils venaient d'une municipalité dont la population n'atteignait qu'un pour cent de la nôtre. Chez eux, ils connaissaient le médecin, le pharmacien, le postier et le maire, qu'ils appelaient par leur prénom. Ils n'étaient plus chez eux, et ils se sentaient perdus.

Jusqu'à un certain point, le choc suit chacune des expériences de perte. Vous avez peut-être été calme et serein quand vous vous êtes préparé à subir une chirurgie puis avez craqué quand on vous a emmené à la salle d'opération. La conscience qu'une chose va vraiment se produire peut déclencher, elle aussi, un choc chez la plupart d'entre nous.

Ce choc peut durer quelques heures ou plusieurs jours, selon l'importance de votre perte. Vous devez toutefois retenir certains points essentiels.

Le choc est la première étape nécessaire à la guérison.

Il ne durera pas longtemps.

Ce n'est pas le moment de prendre des décisions à long terme.

Il est bon d'avoir la compagnie d'un ami de confiance.

Quand le choc disparaît, la douleur surgit.

La dénégation et le retrait

Quand le choc se dissipe, vous n'êtes peut-être pas prêt à affronter le réalité de votre perte. De toutes vos forces, vous pourrez nier ce qui vous est arrivé.

Personne ne peut décrire l'intensité de le peine qui vous afflige à la mort d'un être cher. Si vous avez déjà traversé cette épreuve, vous me comprenez. Si vous n'avez pas encore connu cette expérience, pensez à certaines des pertes que vous avez déjà subies. Pour plusieurs personnes, la mort d'un animal favori peut entraîner des sentiments puissants de perte et de deuil. Si vous vous rappelez une expérience similaire, et si vous vous souvenez des sentiments qui vous ont affecté durant les semaines qui ont suivi, vous avez effleuré la surface d'expériences de deuil plus profondes.

Vous ne voudrez sans doute pas faire face à ces expériences plus intenses. Nous ne prenons parfois pas le temps de penser que *nos* parents, *notre* conjoint, ou *nos* enfants mourront un jour et que la perte de ces gens si importants pour nous *peut* se produire durant notre vie.

Personne ne pense au divorce au moment du mariage. Quand nous pensons à déménager, nous songeons plus aux nouvelles places à voir qu'à la perte de notre environnement.

Nous ne sommes pas prêts à accepter le fait que la perte fait partie de la vie. Pour cette raison, quand elle nous frappe, nous nous efforçons de la nier. Après la réaction initiale: «Oh, non!», la dénégation se produit la plupart du temps de façon inconsciente.

Quelques-uns des signes de dénégation et de retrait sont les suivants:

faiblesse et manque d'énergie;

manque d'appétit;

manque ou excès de sommeil;

sécheresse fréquente de la bouche;

douleurs physiques;

désintérêt vis-à-vis de l'hygiène et des soins personnels;

fantasmes mettant en scène le défunt ou l'ex-conjoint;

attente du retour du défunt ou de l'ex-conjoint;

désenchantement par rapport à la nouvelle ville ou à la nouvelle maison;

colère;

incapacité d'accomplir les tâches routinières.

Toutes ces réactions sont normales après une perte. Vous pouvez en éprouver une ou plusieurs à la fois. Il est encore possible que vous pensiez en avoir fini avec certaines réactions pour les voir ressurgir des semaines, voire des mois plus tard.

Quand vous vous attendez à la dénégation et au retrait après une perte, vous pouvez vous dire: «Cette réaction est parfaitement normale. C'est une autre étape sur la voie de la guérison. Je ne me sentirai pas toujours ainsi.» J'ai vu bien des gens trouver l'énergie nécessaire pour accomplir leur deuil en se répétant tout simplement des phrases comme celles-là.

Au cours de cette seconde étape, vous aurez peut-être des problèmes avec vos amis et avec votre famille. Parfois, même les personnes qui vous sont les plus intimes ne comprennent pas votre chagrin aussi bien que vous. Les membres de votre famille veulent vous voir retrouver votre équilibre beaucoup plus rapidement que vous ne le pouvez. Il leur arrive de ne pas savoir ce qu'il faut vous dire. Certains iront même jusqu'à vous éviter.

Vous vous sentirez peut-être en même temps trop vidé pour demander de l'aide, quand ce ne serait que pour téléphoner. Vous souhaiterez plutôt que les gens fassent cet effort. Vous voudrez sans cesse revenir sur cette perte avec vos intimes. D'autres personnes voudront que vous arrêtiez d'en parler. Les conflits de ce genre font partie de la normale; en le sachant, vous montrerez plus de patience à votre propre égard et à celui des autres.

Si vous avez perdu un être cher, vous pourrez quelquefois retourner votre colère contre le médecin, l'hôpital, le clergé ou Dieu. Vous pourrez penser que personne ne comprend ou n'en est affecté.

Linda a commencé à assister aux rencontres du groupe de soutien sur le deuil deux mois après la mort de son mari. La colère la submergeait; elle rendait tout le monde, y compris elle-même, responsable de son décès. Dans le cadre d'un exercice, elle s'est écrit les lignes suivantes:

Chère Linda,

As-tu vraiment fait tout ce que tu pouvais pour Denis? Crois-tu tout ce que les médecins disent? Tu sais pourtant que la plupart des médecins font ce métier-là pour l'argent qu'il rapporte et pas pour aider les gens. Ils ont pris la sortie facile avec Denis. Tout ce qui les intéressait, c'était leurs trente deniers.

N'aurais-tu pas pu porter un peu plus attention à la santé de Denis? Au lieu de te promener avec lui, Linda, n'aurais-tu pas mieux fait de l'emmener consulter un cardiologue? Tu prétends que tu ignorais que quelque chose clochait. Pourquoi? Si tu avais fait un peu plus atten-

tion, mon compagnon défunt et moi ne serions pas obligés de te rendre visite.

À toi,

Âme en deuil.

La colère et le blâme contenus dans la lettre de Linda peuvent sembler déraisonnables, mais le deuil fait rarement preuve de raison au cours de cette étape du processus de guérison. Relisez encore la lettre et, ce faisant, imaginez que vous subissez vous-même cette douloureuse perte. Changez les noms et les circonstances pour les adapter à votre situation personnelle. Linda n'exprime-t-elle pas les sentiments et l'angoisse que vous avez aussi éprouvés? Remarquez comment les sentiments nient la perte. Ils représentent l'effort de votre esprit pour éviter la douleur. Il n'y a rien de mal. Peut-être même est-ce nécessaire à votre survie durant les premiers mois.

Il est important de comprendre les signes de dénégation et de comprendre qu'ils font partie de votre deuil. Cette étape de la convalescence est difficile parce qu'elle se produit quand vous vous trouvez incapable de demander l'aide dont vous avez besoin. À l'inverse, les autres se trouvent dans l'incapacité de vous aider quand vous en avez le plus besoin. Plus vous savez à quoi vous attendre, moins vous vous sentez isolé et impuissant.

La reconnaissance et la douleur

Les psychologues nomment habituellement cette étape «l'acceptation et la douleur». À cause d'Anne, je ne l'appelle pas «acceptation». Elle s'est jointe à notre groupe de soutien après que son mari se fut étouffé durant son sommeil. Je parlais un jour d'accepter nos pertes quand Anne m'a interrompu pour dire: «Bob, le terme *acceptation* implique une forme d'approbation. Jamais je n'approuverai la mort de mon mari. Je suis bien prête à *reconnaître* qu'il est mort et qu'il ne reviendra pas, mais je refuse de l'accepter ou de l'approuver!» Depuis ce jour, chacun des participants aux groupes à qui j'ai parlé s'est rangé à l'avis d'Anne.

La reconnaissance de votre perte est l'étape la plus importante de votre guérison. C'est à ce moment-là que vous reprenez votre vie en main et que vous recommencez à assumer toute la responsabilité de vos sentiments.

Un sens de l'équilibre significatif s'installe dans votre vie quand vous admettez la réalité et la permanence de votre perte. Cet équilibre représente un pas de géant sur la voie de la guérison.

Quand vous admettez votre perte toutefois, vous vous soumettez à une douleur émotionnelle extrême. Pour cette raison, il est possible que vous reveniez à des périodes de dénégation et de retrait.

Si vous avez perdu un être cher, que ce soit à la suite d'un décès ou d'un divorce, vous serez en mesure d'admettre votre perte dans trois ou six mois. Si vous mettez un an ou plus à le faire, vous n'êtes pas le premier. Cela ne signifie pas non plus que vous vous portez plus mal qu'un autre.

Quand Rita s'est jointe à notre groupe, son mari était mort depuis dix-huit mois. «Je pensais que j'allais bien», a-t-elle déclaré lorsqu'on lui a demandé pourquoi elle avait choisi ce moment précis pour assister aux rencontres. «J'avais bien supporté les funérailles et j'avais même repris le travail peu après. Je me sentais parfois seule, surtout le soir. Mais, en général, je pensais que je m'en tirais assez bien. Depuis un mois, c'est comme si tout recommençait. Quand il est mort, je n'ai pas pleuré. Maintenant, je ne peux plus m'arrêter.»

Avant, Rita n'était pas prête à reconnaître le décès de son mari. Maintenant, elle l'était. Elle devait se rendre compte qu'elle ne revenait pas en arrière, mais qu'elle progressait parce qu'elle pleurait. Elle n'allait pas plus mal qu'il y a dix-huit mois: elle se portait mieux. Elle était prête à aller de l'avant, et c'est exactement ce qu'elle fit au cours des mois suivants.

Si vous n'avez pas subi de perte majeure, vous ne pourrez peut-être pas comprendre l'intensité de la peine que la reconnaissance de la perte peut entraîner.

Ma femme, June, a dû subir une opération, ce qui ne m'est jamais arrivé. Je suis donc un peu naïf quant au sens de la douleur chirurgicale et de la perte qui l'accompagne. June n'a pas cette naïveté; elle ne le peut pas. Pour elle, une opération signifie tout autre chose que pour moi.

Le deuil ressemble à cela. «Vous êtes les experts ici», ai-je dit aux veufs quand j'ai commencé les réunions de groupes. «Je ne suis qu'un néophyte. Mes parents sont décédés, mon beau-frère est mort à six ans, j'ai emménagé dans une ville étrangère et tous mes enfants ont quitté la maison. Je peux comprendre ces pertes-là. Mais je ne sais pas ce qu'on éprouve quand son conjoint meurt et, plus encore, je ne veux pas le savoir! Vous me parlerez de cette expérience, et je m'efforcerai de comprendre.»

Quand vous admettez votre propre perte, rappelez-vous que les autres ne connaissent pas votre peine. Ils ignorent la difficulté que représente la réalité de ce qui vous est arrivé.

Il n'est pas facile de dire «je suis divorcé», «mon enfant est mort», ou «cette partie-là de ma vie est finie». Ces mots-là déchirent! Mais ils ne vous blesseront pas toujours. La douleur émotionnelle signale encore l'un de vos progrès vers une vie heureuse. À ce moment-ci de votre convalescence, vous devez vous souvenir que vous ne vous sentirez pas toujours aussi mal.

Vous serez tenté de revenir en arrière, à une période de dénégation. Vous pourrez le faire et vous en sentir mieux, temporairement. Sachez cependant que la seule voie qui mène à l'équilibre et à la plénitude passe par la douleur de la reconnaissance.

Le groupe de soutien et les professionnels peuvent alors vous être d'un grand secours. Votre entourage vous demandera comment vous vous portez. Les gens s'attendent à ce que vous alliez bien, peu importe comment vous vous sentez. Si vous n'êtes pas bien et que vous disiez la vérité, bien des gens feront comme si vous n'aviez rien dit.

Le conseiller et le groupe de soutien vous donnent un lieu où vous pouvez parler en toute liberté et savoir que les autres comprennent. C'est à peu près tout ce dont vous aurez besoin à ce moment-là. Cette étape dure très longtemps, c'est pourquoi il est très important que vous obteniez le support d'un bon système de soutien.

Vous ne connaîtrez pas l'agonie pendant un an pour vous éveiller libéré un beau matin. Le chemin de la guérison est long et tortueux, il a ses hauts et ses bas. Ceux qui sont passés par là nous disent que, lentement mais sûrement, le nombre des bonnes journées surpasse celui des mauvaises.

L'adaptation et le renouvellement

Le changement qui survient au niveau des questions que vous vous posez marque la fin de la période la plus difficile. Au moment de votre perte, vous vous demandiez avec persistance: *«Pourquoi est-ce que cela m'est arrivé?»* Le jour viendra, un an ou plus après votre perte, où une nouvelle question surgira dans votre esprit: *«Comment puis-je profiter de cette épreuve pour grandir et devenir une meilleure personne?»*

Quand vous passez des «pourquoi» aux «comment», vous commencez à vous adapter à votre nouvelle existence sans la personne, le lieu ou l'état perdu.

Les «pourquoi»

Les questions qui débutent par «pourquoi» reflètent votre quête désespérée d'une raison et d'un but à votre perte. L'iniquité de ce qui vous afflige vous préoccupe. Vous êtes persuadé qu'une raison motive votre épreuve.

Pourquoi est-ce que mon mari, qui était si bon, est mort quand d'autres hommes qui ne s'occupent pas de leur famille continuent de vivre?

Pourquoi est-ce que ma femme veut quelqu'un d'autre, alors que je m'occupais tellement bien d'elle?

Pourquoi avons-nous dû déménager dans ce lieu maudit?

Les «comment»

Les questions qui commencent par «comment» expriment votre recherche des moyens de survivre à une perte. Ces questions incluent les suivantes.

Comment puis-je combler le vide qu'a laissé la mort de ma femme dans ma vie?

Comment puis-je tirer parti de mon divorce et ne pas répéter les mêmes erreurs?

Comment puis-je me faire des amis dans notre nouvelle ville pour que nous nous sentions davantage chez nous?

Nous avons du mal à accepter que certaines choses, même les morts tragiques, se produisent sans raison. Nous oublions facilement que le mot «accident» ne renvoie qu'à un événement fortuit, c'est-à-dire à quelque chose qui survient parce que nous ne menons pas une existence idéale dans un monde tout aussi idéal. Quand votre questionnement passe du pourquoi au comment, vous admettez enfin que les accidents comprennent aussi votre perte tragique.

J'aimerais que vous puissiez déclarer avec confiance:

La perte qui m'afflige constitue un événement majeur dans ma vie. Peut-être même s'agit-il de la pire perte que j'aurai jamais à subir. Mais elle ne marque pas la fin de mon existence. Je peux encore jouir d'une vie pleine et satisfaisante. Le deuil m'a beaucoup appris, et je me servirai de cette connaissance pour devenir meilleur qu'avant.

Ce n'est pas facile à dire. Ce n'est pas facile à penser non plus, surtout après une épreuve majeure. C'est encore plus difficile à dire à voix haute. On ne peut pas provoquer ces paroles, mais on peut, raisonnablement, se fixer cet objectif.

Quand vous pouvez parler de votre perte en ces termes, votre vie acquiert une énergie et un enthousiasme renouvelés. Vous commencez à vous adapter à une vie nouvelle qui ne gravite plus autour de votre perte et de votre deuil. Vous vous découvrez un nouvel amour-propre. Si vous ressemblez à la plupart des gens, vous puisez en vous-même un nouveau calme. Les petits tracas ne vous irritent plus autant. Vous vous prenez moins au sérieux, et vous riez davantage.

C'est le moment de céder à la tentation d'une nouvelle coiffure ou d'une nouvelle garde-robe. C'est le moment de redécorer une pièce ou d'entreprendre un voyage. C'est le moment d'établir de nouveaux objectifs pour les cinq prochaines années.

Avec le temps, vous prendrez conscience que le processus de votre guérison s'étend sur toute la vie et nécessite l'adaptation aux autres changements et pertes de l'existence. Comme en toute chose, vous vous améliorerez sans cesse à mesure que vous utiliserez les ressources que vous avez acquises avec votre épreuve.

Le jour viendra où vous aurez la conviction profonde d'avoir recouvré votre équilibre, terminé votre périple dans le deuil et d'être prêt à mener une bonne vie bien remplie. Ce jour-là, vous serez devenu une personne plus forte que jamais.

À propos du deuil sain et du deuil malsain

Avec la connaissance des étapes qui mènent à la guérison du deuil, j'espère que vous avez vu vos craintes diminuer. Le deuil ne vous handicapera pas si vous lui faites face et si vous faites de votre mieux. Les étapes que l'on vient de décrire illustrent le deuil sain et le chemin habituel de la guérison.

Le deuil est l'énergie nucléaire de nos émotions. Quand on le comprend, quand on le respecte, qu'on le domestique et qu'on le dirige, il peut devenir une force créatrice. Quand le deuil n'est pas muselé, quand il est altéré et incompris, il se fait destructeur. Comme les autres blessures, celles du deuil peuvent s'infecter.

Il est donc nécessaire de savoir différencier un deuil sain d'un deuil malsain. Si vous souffrez d'un rhume, vous savez ce qu'il convient de faire; vous n'avez pas besoin de consulter un médecin ou de vous rendre à l'hôpital. Mais si votre rhume tourne à la pneumonie, il serait risqué de ne pas recourir à l'aide d'un professionnel.

Le même principe s'applique au deuil. Je me suis attaché à décrire les étapes qui mènent à la guérison et ce à quoi vous pouvez vous attendre pendant le deuil sain. Mais vous devez aussi reconnaître les signes du deuil malsain.

Voici une liste des symptômes qui vous indiquent que vous ne suffisez plus à la tâche. La présence de l'un d'eux vous signale qu'il est temps de demander l'aide des professionnels. Il n'y a pas de honte à chercher de l'assistance. Vous ne devriez avoir honte que si vous avez besoin d'aide et que vous n'en demandiez pas.

1. Les pensées récurrentes d'autodestruction

L'accent porte ici sur le mot «récurrentes». Durant une période de deuil, il n'est pas anormal de présenter des idées suicidaires. Elles devraient toutefois passer rapidement. Si vous commencez à songer à un moyen de vous enlever la vie, il est temps de demander de l'aide. Vous devez d'abord *décider de vivre* pour connaître un deuil sain.

2. L'incapacité de combler vos besoins fondamentaux pour vous remettre

Si vous remarquez que vous changez d'activités et que vous fuyez les amis et la famille, il est temps de demander de l'aide. Le deuil sain exige des interactions.

Il est aussi important de prêter attention à vos besoins physiques en termes de nourriture, de liquides, d'exercices et de repos. Si vous ne vous occupez pas de satisfaire ces besoins fondamentaux, demandez de l'aide.

3. La persistance de l'une des réactions particulières au deuil

La dépression qui vous immobilise pendant des semaines signale votre besoin d'aide. Si vous continuez à nier la réalité de votre perte ou si vous n'éprouvez toujours rien après plusieurs mois, vous vous trouvez dans la même situation. Toute autre réaction persistante au deuil indique le besoin d'aide.

4. La dépendance

La dépendance englobe l'abus des tranquillisants, des somnifères, de l'alcool ou des drogues. Elle inclut aussi les excès de table, l'anorexie ou la malnutrition.

5. Récurrence de maladie mentale

La persistance de l'anxiété, des hallucinations, de l'arrêt des fonctions corporelles peut signaler la dépression. Un bon conseil: chaque fois que vous vous trouvez dans l'incapacité de fonctionner normalement, demandez l'aide d'un professionnel.

Quand vous vous demandez si vous devez consulter, *faites-le!* Même si votre deuil est sain, servez-vous de toutes les ressources disponibles pour vous aider à retrouver votre équilibre et à reprendre votre vie en main.

CHAPITRE 4

La recherche intérieure

Le deuil est une expérience très personnelle

Pour retrouver votre équilibre après une épreuve importante, et pour continuer une vie saine et heureuse, vous devrez chercher en vous-même la compréhension et l'espoir. Personne d'autre ne peut répondre aux questions qui vous hantent le coeur et l'esprit.

Votre perte *vous* appartient d'abord et avant tout, peu importent les autres personnes qui en sont affectées. Parce que votre perte est tellement personnelle, il vous est souvent très difficile de partager vos sentiments avec les autres, tout comme il est fréquemment difficile aux autres de vous comprendre. La solitude que vous ressentez accroît votre douleur et votre isolement.

Votre guérison est aussi une expérience personnelle. Votre façon de répondre à votre perte ressemble à celle de vos amis et de votre famille, mais elle vous sera également personnelle puisque vous êtes un individu unique.

Si votre conjoint meurt, vous vous inquiéterez du sort des autres membres de votre famille. Vous pourrez vous soucier du bien-être de vos enfants après un divorce. Vous pourrez vous demander quel sera l'impact d'un échec financier sur les autres investisseurs. Mais ce qui vous troublera et dominera vos sentiments reste votre propre sens de la perte.

Vous ne vous demanderez pas: «Pourquoi est-ce que ça *nous* est arrivé?» Vous vous poserez plutôt la question: «Pourquoi est-ce que ça *m*'est arrivé?» Les autres peuvent bien vous aider et vous encourager, *vous* devez prendre votre deuil et votre convalescence en main. Il vous appartient de décider si votre perte sera pour vous une occasion de croissance ou une simple période de tristesse.

Durant les mois suivant toute perte, les mots que vous utilisez le plus souvent sont *je*, *me* et *moi*. Si égoïstes qu'ils puissent paraître, ces mots-là restent nécessaires.

Souvenez-vous d'une de vos épreuves. Si cette expérience de perte s'est avérée très grave, vous en avez fait le centre de votre vie. Peu importait alors que le soleil brille ou non. À vos yeux, tous les jours étaient aussi sombres et mornes. Quand des personnes bien intentionnées voulaient vous remonter le moral en vous rappelant tout ce qui était bon, toutes les raisons de vous sentir reconnaissant, elles rataient leur but. La personne que vous aimiez avait disparu, votre maison n'existait plus et vos rêves étaient détruits. Vous n'étiez pas d'humeur à entendre des platitudes.

Il pleuvait dans votre coeur, et la tristesse montait bientôt à vos yeux. Vous aviez beau vous ordonner de garder votre calme, vous n'y arriviez pas. Vous aviez perdu quelqu'un — ou quelque chose — de très important. Les mots ne parvenaient pas à décrire l'immensité de votre perte.

Par-dessus tout, vous vouliez qu'on vous donne un peu d'espoir. Vous vouliez savoir s'il y avait vraiment une lumière au bout du tunnel. Et si cette lumière-là existait réellement, vous teniez à savoir si elle provenait d'un train de marchandises chargé d'épreuves supplémentaires, prêt à vous happer.

Vous ne preniez pas le temps d'examiner les alentours pour trouver des réponses à vos questions parce que vous étiez persuadé que personne d'autre ne comprenait exactement vos sentiments. Personne ne pouvait vous enlever votre chagrin. Même si vous souhaitiez par-dessus tout qu'on vienne à votre secours, vous saviez que vous deviez finalement surmonter l'épreuve vous-même.

Vous veniez de perdre un gros morceau de votre vie. Vous ne pouviez pas imaginer retrouver un jour le bonheur. Vous pensiez que vous étiez tombé d'un manège sur lequel il vous serait désormais impossible de remonter. Vous ne pouviez même pas imaginer la suite de votre existence. Vous aviez désespérément besoin d'espoir.

Si vous avez traversé une épreuve comme celle dont je viens de parler, vous savez bien ce que je veux dire quand je parle de *deuil personnel.*

«Je ne serai plus jamais le même», me disait Georges, six mois après que le cancer eut emporté sa femme. Il avait parfaitement raison. Leur mariage avait duré 50 ans. Le jour de leurs noces d'or, elle se portait bien. Un mois plus tard, on diagnostiquait un cancer dont elle mourait en l'espace de huit mois. Georges n'avait pas prévu que leur mariage prendrait fin sur cette note. Il savait que 80% des hommes de son âge meurent avant leur femme. Il lui semblait injuste de vivre alors qu'elle était morte. Il se sentait coupable de lui survivre.

Personne n'aurait pu dire à Georges que la vie reprendrait son cours, que tout redeviendrait comme avant. Il cherchait une lueur d'espoir. Il vint me demander si l'existence était toujours possible pour lui. J'ai dit à Georges qu'il trouverait la réponse dans son coeur et dans sa tête. Tout ce que je pouvais pour lui, c'était de lui montrer à chercher en lui-même et de l'encourager au fur et à mesure de ses découvertes.

Au cours des quatre années suivantes, Georges s'est suffisamment remis pour recommencer à bien vivre. Il a découvert un nouveau passe-temps: le polissage des pierres; il s'est joint à un groupe de danse sociale et a donné son temps, à titre de bénévole, à un groupe de soutien sur le cancer. Son niveau d'énergie est revenu à ce qu'il était avant la mort de sa femme. Il mange bien et dort aussi bien. Georges est redevenu un homme heureux.

Suzanne m'a téléphoné par suite de la recommandation d'un ami. William, avec qui elle cohabitait depuis trois ans, avait été tué dans un accident de motocyclette. Suzanne avait quitté très jeune la maison paternelle; elle s'était mariée avant l'âge de 20 ans, avait eu un enfant et avait divorcé. Peu après le divorce, elle s'était installée avec William.

La mort de William entraînait, pour la seconde fois, l'éclatement des rêves qu'elle avait faits pour elle et pour son enfant. La culpabilité l'accablait. Elle se demandait si Dieu la punissait ainsi d'avoir divorcé et cohabité avec William.

Pour Suzanne comme pour Georges, la vie ne serait plus jamais la même. Elle cherchait elle aussi une lueur d'espoir. Elle cherchait en son for intérieur, parce que les réponses à ses questions ne se trouvaient pas ailleurs.

Suzanne doit découvrir qu'elle peut encore mener une vie riche. Elle doit accepter le fait que ses pertes ont rendu sa vie différente. Mais elle doit aussi comprendre que sa vie a beau être différente, elle n'est pas détruite pour autant.

Pour Suzanne — comme pour vous — la vie continue après l'épreuve.

Pour la surmonter, pour continuer à vivre, vous devez croire que:

vous vivrez;

vous avez le droit de vivre;

vous pouvez encore être heureux.

Croire en cela, quand vous avez perdu une part significative de votre vie, relève du défi. Mais il est possible de le faire, et cette conviction peut vous aider à vous remettre sur pied.

Songez à vos pertes personnelles. Inscrivez les questions qui suivent sur différentes feuilles. Répondez-y en utilisant autant de pages dont vous avez besoin pour exprimer vos sentiments.

Survivrai-je aux pertes que j'ai subies?

Est-ce bien de continuer à vivre sans la personne (ou la chose) que j'ai perdue?

Pourrai-je retrouver le bonheur en sachant que ces pertes ont changé ma vie?

Relisez vos réponses à voix haute. Considérez ce qu'elles disent de vos pensées et de vos sentiments intérieurs.

Plus vous utilisez de ressources (y compris votre foi, vos traditions familiales et les groupes de soutien), plus votre recherche intérieure sera fructueuse. Plus vous savez ce que vous attendez de vous-même, plus vous saurez reconnaître les signes de guérison et de croissance.

Sur une nouvelle feuille, inscrivez votre perte la plus récente, que ce soit le nom d'une personne, votre mariage, votre maison, ou tout autre terme qui rend compte de votre épreuve majeure. Sous ce terme, énumérez vos pertes subséquentes. Par exemple, si votre conjoint est décédé, votre liste pourrait prendre l'allure suivante:

Perte majeure:

Joe, mon mari, est décédé.

Pertes subséquentes:

Sécurité financière
Compagnon
Maison (peut-être)
Projets de retraite
Liens étroits avec la famille de Joe
Indépendance
Sens de la valeur personnelle

Si vous faites face à un divorce plutôt qu'à un décès, vous essuyez souvent les mêmes pertes.

Dressez l'inventaire le plus complet possible.

Examinez chacune des pertes subséquentes. Est-ce que l'une d'entre elles peut vous causer des déceptions supplémentaires? Si tel est le cas, inscrivez-les aussi à votre liste.

Vous remarquerez que chacune des pertes qui vous affligent a entraîné à son tour une série de pertes. Chacune d'elles vous blesse aussi. Chacune d'elles attaque votre bonheur et les valeurs qui guident votre vie.

Bill avait 32 ans quand sa femme s'est suicidée. «Je n'ai pas perdu que ma femme, m'a-t-il confié. J'ai enterré avec elle mon amour-propre et tous mes projets d'avenir! Qu'est-ce que je vais faire maintenant?»

«Quand il a claqué la porte, il a emporté mon sentiment de sécurité avec lui», m'a dit un jour Nancy, dont le mari a demandé le divorce après 28 ans de mariage. «Je dois trouver comment gagner ma vie.»

Jack a tout perdu à la suite de mauvais placements. «J'ai dû apprendre à séparer mes valeurs personnelles de mes rêves de succès avant de renoncer à me suicider», a-t-il déclaré.

Les pertes mineures

Toutes les épreuves qui vous affectent n'ont pas le caractère grave du décès d'un être cher, d'un divorce ou d'un déménagement important. Quoi qu'il en soit, même les pertes mineures entraînent parfois dans notre vie des répercussions majeures.

Après avoir conduit sans problèmes des centaines de milliers de kilomètres, mon épouse June et moi avons eu deux accidents en moins de 48 heures. Il n'y avait pas moyen de les éviter. Le second accident fut une collision frontale avec un camion qui a franchi la ligne médiane dans une courbe. La tête de June a heurté le pare-brise. Après l'impact, je l'ai regardée et j'ai vu le sang gicler de son visage et maculer son pantalon blanc.

En l'espace de quelques minutes, de parfaits étrangers ont installé June dans leur voiture pour l'emmener à l'hôpital à plusieurs kilomètres de là. Je suis resté sur les lieux de l'accident pour attendre l'arrivée de la police. Je ne savais pas à quel point June avait été blessée ni quand nous pourrions nous retrouver. Quand j'ai pris conscience du fait que j'ignorais jusqu'au nom des hommes qui emmenaient June, ils avaient déjà quitté les lieux.

Depuis notre mariage, June avait pris l'habitude de dire: «Tu prends bien soin de moi.» J'aimais bien cette marque de confiance. Tandis que j'attendais, sous le choc, coupable et en larmes, près de notre voiture ruinée, je n'arrêtais pas de répéter: «Je n'ai pas pris soin d'elle; j'ai menti.»

Je me demandais pourquoi je m'étais arrêté au marché peu avant l'accident. Je me demandais s'il m'eut été possible de conduire différemment pour éviter la collision. Est-ce que June était gravement blessée? Qu'est-ce que je ferais si elle mourait?

Quand je repense à cette expérience, je peux identifier plusieurs pertes:

mon identité, en tant que protecteur de June,

mon orgueil de bon conducteur,

mon sentiment de sécurité,

ma conviction que la tragédie ne frappe que les autres,

le sentiment de contrôle sur ma vie.

Je me sentais endeuillé au simple fait d'admettre que les situations de la vie échappent souvent à mon contrôle.

Heureusement, June n'avait pas été blessée sérieusement. La chirurgie n'a laissé qu'une toute petite marque sur son nez pivelé de taches de rousseur. Cependant, malgré notre chance, nous avons mis un an à nous remettre des effets de cette simple expérience sur le cours de notre vie.

Notre expérience de perte n'était pourtant pas majeure. Personne n'était mort. L'assurance a pris à sa charge les réparations automobiles. Nous continuons de nous déplacer en voiture. Nos pertes étaient donc mineures, comparativement aux malheurs épouvantables qui peuvent survenir. Quoi qu'il en soit, il était important que nous prêtions attention aux effets de cette expérience sur nos vies.

Ne pas admettre ces *pertes mineures* et leur impact, c'est se préparer bien mal aux pertes plus importantes. Quand nous songeons à l'impact des pertes mineures sur notre vie, nous pouvons nous préparer aux inévitables épreuves plus importantes que chacun de nous doit subir.

Cette réflexion vous aide à comprendre que la perte fait partie de la vie. Quand vous considérez votre réponse à une perte mineure, vous découvrez les ressources qui vous serviront en période d'épreuve majeure.

C H A P I T R E 5

À propos du deuil: quatre points importants

Construire une base de guérison

En prenant connaissance des quatre points à retenir à propos du deuil, vous pourrez le contrôler. La reconnaissance de ces points vous aidera à acquérir la résistance et la patience dont vous avez besoin pour supporter le fardeau, le stress et la durée de votre deuil. Ce sont:

la façon de mettre fin au deuil est de le traverser;

le pire deuil est le vôtre;

le deuil demande du travail;

le deuil efficace exige du soutien.

En apprenant à travailler ainsi votre deuil, vous pouvez vous sentir mal à l'aise et bizarre. Ces idées représentent peut-être pour vous une nouvelle façon de concevoir le deuil. Avec le temps et avec la pratique, vous trouverez en ces notions des outils précieux.

La façon de mettre fin au deuil est de le traverser

C'est vrai!

Et c'est là le point le plus important à retenir à propos du deuil. Si vous voulez vous remettre du deuil et grandir dans votre épreuve, vous devez vous souvenir de ce point: il n'existe pas de raccourci menant à une bonne vie remplie après une épreuve majeure.

Parce que la convalescence du deuil est tellement exigeante, vous chercherez tous les moyens de l'éviter. Nul ne veut faire face au deuil. Nul ne veut en ressentir la solitude et la douleur. La plupart du temps, quand nous sommes en deuil, nous avons tendance

à *essayer de l'éviter;*

à *vouloir le surmonter rapidement;*

et, quand rien d'autre ne fonctionne,

à *tenter de le subir passivement.*

Le temps guérit tout. Combien de fois avons-nous entendu cela? Mais c'est faux! Dire que le temps lui-même guérit équivaut à affirmer que la pratique rend parfait. La pratique ne rend pas parfait. Vous pouvez très bien répéter une erreur. Seule, la pratique *parfaite* rend parfait. De la même façon, le travail efficace *durant* le deuil cicatrise les blessures profondes et vous permet de retrouver votre sens de l'équilibre.

«Je n'arriverai jamais à passer par-dessus», s'est écriée Maggie, environ deux ans après la mort de son mari. Nous étions à une réunion du groupe de soutien. «Tu as parfaitement raison, Maggie!», me suis-je entendu lui répondre en me tournant vers elle. «Tu peux travailler et suer pendant encore 50 ans, tu ne passeras jamais *par-dessus* la mort de Gaby. Pas plus que tu peux passer par-dessous, ou la contourner. Mais tu peux toujours *l'affronter,* Maggie!»

Si vous êtes tenté de dire, à l'instar de Maggie: «Je n'arriverai jamais à passer par-dessus», tant mieux pour vous. Vous avez appris une bien grande vérité. Une vieille chanson dit la même chose:

C'est si haut que tu ne peux grimper,

Si bas que tu ne peux passer dessous,

Si large que tu ne peux le contourner,

Tu dois entrer par la porte.

Ces paroles décrivent fort bien ce qui se passe durant la convalescence du deuil, peu importe ce qu'elles nous révèlent en outre.

Quand vous perdez un être cher, quand vous éprouvez l'agonie d'un divorce ou que votre vie subit les contrecoups d'un changement considérable, vous ne passez pas par-dessus l'épreuve. Cette personne, ce lieu, ou cette période de votre vie fera toujours partie de vous et appartiendra à votre histoire personnelle.

Plus votre perte est significative, plus grand sera votre deuil. Vous ne passerez pas par-dessus — ou par-dessous — , pas plus que vous ne la contournerez. Vous ne pouvez pas non plus la subir passivement. Vous devez y plonger carrément. En apprenant cela, vous vous procurez la clé qui ouvre la porte de la convalescence du deuil.

Irma, dont le mari est mort il y a dix ans, a arrêté de s'occuper de son deuil six mois après son décès. Elle a tenté d'éviter la tristesse en s'empêchant d'en parler. Jusqu'à maintenant, Irma n'a jamais fait face à la colère qu'elle éprouve à l'endroit de son mari qui l'a abandonnée de la sorte. Sa santé physique et mentale en a souffert. Une piètre santé physique et de nombreuses phobies l'affectent. On dirait bien que, de toute sa vie, Irma ne pourra plus connaître le bonheur.

Si vous avez divorcé, vous savez qu'il est utopique de croire que le divorce met fin aux problèmes entre les conjoints. Le seul changement, c'est que vous n'avez plus à vivre sous le même toit.

Si vous vous êtes querellé avec votre conjoint durant votre mariage, vous continuerez sans doute à vous disputer après votre divorce. Et si vous avez des enfants, vous continuerez à vous rencontrer l'un et l'autre pour le reste de vos vies. Quand vos enfants deviendront adultes, vous devrez assister à leur mariage, vous aimerez tous les deux vos petits-enfants, et vous partagerez tous deux avec eux les grands événements qui affectent leur vie et auxquels ils tiennent à ce que vous soyez présents.

La vie est trop courte pour que vous passiez ces années à poursuivre les querelles qui ont mis fin à votre mariage. Pour trouver la paix, vous devrez affronter carrément le deuil qui suit la fin de tout mariage.

Vous ne pouvez y parvenir qu'en faisant face à des sentiments très difficiles à affronter. Il m'a toujours semblé que la première perte des conjoints était celle de l'amour-propre. Cette perte seule suffit à vous jeter par terre émotionnellement. Il arrive souvent qu'on mette plus d'un an à recouvrer son amour-propre.

Quand un couple a divorcé après 16 ans de mariage, le mari a accepté de rencontrer un conseiller. Il a découvert sur son propre compte certaines choses bien pénibles. Il est sorti grandi de cette expérience. Il est plus patient, plus compréhensif; il ne se prend pas trop au sérieux. Il traverse l'existence un peu plus léger qu'avant. Il s'est maintenant remarié et vit très heureux.

En contrepartie de toute la tristesse qui l'a affligé, il peut désormais songer au passé et affirmer que l'épreuve de son divorce lui a servi. Il admet qu'elle l'a motivé et l'a poussé à changer et à grandir.

Son épouse, qui avait demandé le divorce, n'a jamais semblé affronter ses sentiments. On dirait qu'elle attend que sa tristesse disparaisse, ce qui ne fonctionne pas. Durant trois ans après leur divorce, elle a continué de lui téléphoner pour obtenir de l'argent, pour qu'il effectue les réparations à la maison et pour demander son soutien émotionnel.

Après le remariage de son ex-conjoint, elle est retournée vivre dans la maison qu'ils avaient partagée pendant plusieurs années. Elle semble s'accrocher aux symboles de la relation passée. Elle s'est efforcée d'ignorer le deuil de sa perte. Pendant tout ce temps, le besoin de faire le deuil n'a fait qu'attendre et croître!

Le deuil exige de l'endurance et une patience incroyable. Quelque part sur cette voie, vous vous sentez très seul, triste, perdu, fâché; vous éprouvez parfois tous ces sentiments en même temps. Si vous devez ressentir des sentiments aussi désagréables, vous devez acquérir un sens du but et de la direction. Vous devez vous convaincre qu'il n'y a absolument pas moyen d'éviter votre deuil; vous devez y faire face.

Il arrive souvent qu'on se sente mal à l'aise après avoir affronté son deuil. Il faut s'y attendre. Ce n'est pas pour le pire, c'est pour le mieux.

Fréquemment, après une réunion du groupe de soutien sur le deuil, l'un ou l'autre des participants téléphone pour dire: «Je me suis senti bien plus mal en sortant de la rencontre qu'avant d'y aller.» Mon interlocuteur est souvent offusqué de s'entendre répondre: «C'est bon pour toi! Ça veut dire que tu grandis!»

Les gens commencent en général à se sentir mieux le lendemain, la semaine suivante ou quelques mois plus tard. Si vous traversez une épreuve majeure et que vous vous sentiez mal à l'aise, vous entendez un signal de danger. Il est temps de voir si vous éludez la question, si vous essayez de passer par-dessus ou par-dessous votre deuil. Vous ne pouvez pas le faire!

Traverser l'épreuve est la seule façon de mettre fin au deuil qui est si long et si sain.

Dans les pages de cet ouvrage, vous trouverez des exercices qui vous donnent des moyens efficaces de gérer les sentiments qui vous affectent durant votre deuil et pendant que vous entreprenez une nouvelle façon de vivre après votre perte.

Le pire deuil est le vôtre

Quel genre de deuil est pire que les autres? Est-ce que le deuil afflige plus durement la veuve dont le mari s'est tout à coup effondré, victime d'une crise cardiaque? Ou bien est-ce pire quand le cancer a rongé le mari petit à petit? Est-ce plus douloureux de voir son conjoint décéder ou de divorcer? Est-ce que la mort d'un enfant est la plus épouvantable perte qui soit?

En fait, toutes ces questions n'ont pas de véritable rapport avec le deuil. Le pire genre de deuil qui puisse vous affecter est toujours le vôtre.

Au cours de l'hiver de 1984, deux événements désastreux ont affecté ma vie. Premièrement, un accident minier en Utah a coûté la vie à plusieurs hommes. Tous les journaux en ont fait leur manchette. Par ailleurs, nous avons dû faire tuer notre vieille chatte siamoise âgée de 15 ans, qu'une excroissance cancéreuse à l'oeil affectait.

Devinez-vous lequel de ces deux événements m'a fait verser toutes les larmes de mon corps? Vous avez raison, c'est la mort de la chatte!

Il n'y a pourtant pas de comparaison possible entre la perte de la vie humaine et la fin d'une vieille chatte à moitié infirme. Mais Samantha était *ma* chatte. Je l'aimais. Elle faisait partie de notre histoire. Il ne s'agissait pas d'une perte abstraite. Je n'ai pas lu dans les journaux ni entendu à la télévision le compte rendu de sa mort pour m'écrier: «Quel dommage!» avant de passer aux nouvelles sportives. Samantha m'appartenait. Sa mort me plongeait dans le deuil.

Tandis que ma femme démarrait pour se rendre chez le vétérinaire avec la chatte et accomplir cette tâche infâme, je me tenais dans la pièce du devant de la maison. Je ne pouvais pas entrer dans le bureau du vétérinaire et fondre en larmes! Tout le monde sait que les grands garçons, surtout les pasteurs, ne font pas ce genre de choses! Alors, j'ai laissé cette corvée à ma femme. J'ai pris Samantha dans mes bras quelques instants, je l'ai chatouillée sous le menton comme elle aimait, et puis je l'ai emportée à la voiture où June attendait.

Quand elle s'est éloignée, j'ai commencé à crier et à pleurer: «Je veux ma chatte! Je ne veux pas qu'elle meure!»

C'était ma perte et sur le coup c'était, quant à moi, la pire chose qui pouvait arriver. Je ne voulais pas que quiconque vienne me dire qu'elle avait été chanceuse de ne pas souffrir, ou qu'elle avait déjà vécu bien plus longtemps que la normale.

Je n'ai pas fait montre de beaucoup d'objectivité en ce qui a trait à la mort de Samantha et comparativement à la tragédie minière, au décès de mes parents quelques années plus tôt, ou aux masses affamées du Tiers-Monde. Le deuil est comme cela. Dire: «Tu te conduis comme un enfant à cause d'un chat!» n'aide en rien.

J'ai connu des périodes de deuil plus intenses. Beaucoup plus intenses. Une jeune fille de mon voisinage, qui avait grandi autant chez nous que chez elle, s'est suicidée à 19 ans. Ma mère et mon père sont tous deux décédés. J'ai tenu la main d'amis mourants; j'ai baptisé des enfants mort-nés; j'ai aidé des familles à prendre la décision de débrancher un système respiratoire; et j'ai accompagné des parents dont les enfants avaient été assassinés.

Chacune de ces expériences s'est avérée douloureuse. Pourtant, quand Samantha est morte, le deuil que j'ai ressenti était bien le pire qui puisse se trouver.

Pensez à votre propre expérience. Vous avez peut-être vendu votre maison pour en acheter une nouvelle. Vous étiez très excité à l'approche du déménagement, et vous vous êtes tout de même laissé gagner par la perte et la tristesse quand vous vous êtes retrouvé seul dans la maison vide après que les déménageurs eurent emporté la dernière boîte. «On dirait que vous divorcez votre maison», m'a dit un homme. Le sentiment de tristesse qui vous assaille est le deuil. À ce moment-là, pour vous, c'est le pire genre de deuil qui puisse exister, parce que c'est le vôtre.

Le décès, même du membre le plus âgé de votre famille, vous déchire autant, parce qu'il s'agit de votre perte. Le père du rabbin Earl Grollman avait plus de 90 ans. Il était malade depuis plusieurs années. Il était devenu invalide et vivait confiné dans un centre d'accueil. «Il a eu une vie longue et heureuse», a dit à Earl un ami bien intentionné quand il est mort. «Il a fini de souffrir; tu devrais être content.» «Tu ne comprends pas», a répliqué Earl sur un ton qui ne masquait pas sa colère. «*Mon papa vient de mourir!*»

Ne vous excusez jamais de votre deuil. Rappelez-vous, aussi souvent que vous en avez besoin, que la pire des épreuves est toujours la vôtre.

Apprenez à admettre que votre perte vaut bien un deuil. Quelle que soit votre expérience, vous devrez supporter vos sentiments de tristesse et de colère avant de recouvrer une vie bien remplie. Si vous devez sortir meilleur du deuil, vous ne pouvez pas vous inquiéter de ce que vous *devriez* ressentir durant cette période.

Quand Françoise a commencé à se joindre aux groupes de soutien sur le deuil, sa fille, son gendre et ses trois petits-enfants avaient été assassinés au cours d'une bizarre série de meurtres. Deux ans plus tard, son mari décédait du cancer. En contraste, Sylvie n'assistait aux réunions que parce que son père, qui était veuf, avait besoin qu'elle l'accompagne. Un an plus tard, il mourait à son tour. Sylvie a continué de venir aux rencontres après les funérailles. «Je me sens coupable d'être si triste, dit-elle un jour. Mon épreuve semble tellement dérisoire comparativement à celle de Françoise.»

Cette attitude aurait pu nuire à la convalescence du deuil de Sylvie. Elle devait absolument se rendre compte que son deuil était aussi important que celui de Françoise.

Vous êtes forcément blessé quand vous perdez des gens, des lieux et des choses importantes de votre vie. Le deuil répond adéquatement à vos pertes. Si vous ignorez votre perte et que vous ne l'affrontiez pas, les plus petits deuils s'accumulent. Ils prennent l'allure des comptes que vous ne payez pas immédiatement et dont les intérêts s'additionnent.

Aussi longtemps que vous vous persuadez que vous ne devriez pas ressentir ce que vous éprouvez, ou que vous n'avez pas mal, la perte reste enfouie en vous. La convalescence débute quand vous admettez que, peu importent les autres tragédies qui surviennent dans le monde, le pire genre de deuil est bien le vôtre.

Vous n'avez pas à vous excuser auprès des amis, de la famille ou devant Dieu pour pleurer la perte de quelque chose ou de quelqu'un. Si les autres comprennent, tant mieux. S'ils ne comprennent pas, tant pis.

Pour mettre fin au deuil, vous devez l'affronter. Pour lui faire face, vous devez commencer par admettre que votre épreuve vaut bien un deuil, même si vous avez perdu un vieux chat.

Le deuil demande du travail

Quand vous affrontez votre deuil, vous faites ce qu'on appelle le «travail du deuil». Je n'ai jamais tout à fait compris ce que cela signifiait tant que je n'ai pas baigné dans les expériences de deuil des autres. À part «travail», aucun autre mot ne décrit plus justement ce que vous faites. Le deuil est un travail. C'est même le travail le plus difficile que vous deviez jamais accomplir.

Lorsque vous considérez le deuil comme un travail, vous vous aidez à ne pas le subir passivement. Vous n'êtes pas tenté non plus d'attendre des autres qu'ils vous fassent sentir bien à nouveau.

On ne peut tout simplement pas confier certaines tâches aux autres. Personne ne peut reconnaître votre perte à votre place. Personne d'autre que vous ne peut dire adieu et permettre à un individu, à une relation, à une partie de votre corps ou à quoi que ce soit de vous quitter. Vous devez le faire vous-même.

L'exemple suivant m'a permis de comprendre le travail du deuil:

Supposons que vous ayez reçu un groupe d'amis à l'occasion d'un souper au spaghetti. La soirée a été délicieuse, mais tout le monde est maintenant reparti. Vous entrez dans la cuisine et vous découvrez la vaisselle. La sauce tomates qui recouvre les assiettes a collé et vous présente l'une des visions les plus épouvantables qui soient.

Vous êtes fatigué et vous avez envie de n'importe quoi sauf de laver la vaisselle. Deux possibilités s'offrent à vous: vous pouvez laisser attendre le désordre jusqu'au lendemain matin, ou vous pouvez laver la vaisselle tout de suite, peu importe comment vous vous sentez.

Si vous choisissez de laisser la vaisselle, le moment actuel est sûrement plus agréable. En fait, le reste de la soirée peut devenir plaisant et votre repos nocturne, rafraîchissant. Mais quand vient le jour... le spectacle désolant vous attend toujours! Les assiettes sont maintenant plus épouvantables que jamais, et elles vous lorgnent dédaigneusement.

Le travail est encore plus ardu. Le plaisir de la réception vous a quitté et vous devez encore une fois considérer les mêmes possibilités: lavez-vous la vaisselle maintenant, reportez-vous cette tâche affreuse à plus tard, ou bien attendez-vous que votre marraine la fée apparaisse et la lave à votre place?

Si vous décidez de laver la vaisselle tout de suite après le repas, vos invités peuvent bien vous donner un coup de main, si vous êtes chanceux. Au pire, vous passez une fin de soirée fatigante et vous vous mettez au lit exténué. Mais quand vient le matin, votre tâche est finie. Vous pouvez entreprendre la nouvelle journée en vous prélassant dans la chaleur du souvenir d'une bonne soirée, tout en sachant que vous avez fait du bon travail, accompli une tâche désagréable.

Le deuil ressemble à cet exemple. Vous avez un travail à accomplir à un moment où vous avez envie de ne rien faire. Vous pouvez remettre ce travail à plus tard. Pendant un certain temps, vous pouvez vous sentir bien d'éviter certains sentiments et de ne pas parler de certaines choses. Viendra pourtant le jour où vous constaterez que vos sentiments sont toujours là, et que vous devez aborder certaines questions avec des personnes qui comprennent et qui s'intéressent à ce qui vous arrive.

Comme pour le souper au spaghetti, plus vous attendez, plus le travail du deuil devient difficile et désagréable. Le deuil n'est pas une maladie. Mais si vous évitez le travail du deuil, vous pouvez fort bien tomber malade.

Les recherches du docteur Glen Davidson[1] ont montré qu'environ 25% des gens qui vivent un deuil subis-

1. Glen W. Davidson, *op. cit.*, p. 24-27.

sent un affaiblissement significatif du système immunitaire de six à neuf mois après leur épreuve. Cet affaiblissement rend compte d'une bonne partie du taux de maladie qui nous affecte quand nous sommes en deuil.

Les recherches ont aussi démontré qu'il est tout à fait possible d'éviter cet affaissement du système immunitaire. Si vous accomplissez le travail du deuil, si vous prenez aussi soin de vos besoins physiques et émotionnels, vous irez bien.

Vous avez d'abord besoin d'un groupe de soutien avec lequel vous pourrez vous confier en toute liberté. Et puis, vous devez porter attention à la nourriture que vous mangez, à la quantité et au genre de liquides que vous absorbez, aux exercices et au repos dont votre organisme a besoin.

C'est un travail ardu. Il y a beaucoup de tâches à mener à bien et vous seul pouvez en faire la plus grande partie.

Le deuil efficace exige du soutien

Vous entendez parfois certaines faussetés à propos du deuil:

Le deuil est quelque chose de tellement personnel qu'on devrait le garder pour soi.

Ou bien:

Personne ne peut aider. Vous devez vous occuper tout seul de votre propre deuil.

Rien n'est plus loin de la vérité!

Le travail du deuil ne s'accomplit pas tout seul; c'est là une des réalités de la vie et de l'épreuve.

Votre deuil ne devrait jamais être privé. Vous avez besoin des autres autant que vous avez besoin d'air pour respirer. Vous avez besoin de parler de ce qui vous arrive et de vos sentiments. Vous avez besoin d'écouter les autres faire part de ce qui leur arrive. Vous trouverez beaucoup plus que le réconfort dans le partage. Vous trouverez la force de supporter la durée et le fardeau de votre deuil.

Si vous gardez votre deuil pour vous, vous courez le risque inutile de l'altérer. Joe a cessé d'assister aux rencontres du groupe de soutien sur le deuil après deux réunions. Il a déclaré qu'il ne voulait pas venir pleurer, semaine après semaine, devant une bande de femmes. Aux dernières nouvelles, il était toujours victime d'évanouissements et d'ulcères. Il s'était remarié moins d'un an après la mort de sa femme. Sa nouvelle épouse est venue plusieurs fois me consulter à propos de ses changements d'humeur. Joe refuse toujours de l'accompagner.

Jeanne, elle, n'a jamais voulu avouer au groupe que son mariage n'avait pas été la romance idyllique qu'elle avait souhaitée. Les voisins et les amis étaient pourtant au courant de leurs violentes disputes et de leurs problèmes d'alcool. Cependant, après la mort de son mari, elle parlait de leur relation comme s'il s'agissait d'une union idéale. Après quelques mois, elle a montré de plus en plus d'hostilité et a de moins en moins accepté de partager ses sentiments. Sa participation au groupe se limitait à conseiller les autres. Avec le temps, elle a cessé de venir. Pendant un certain temps, elle a fréquenté les autres groupes de soutien de la ville, mais aucun d'eux ne la satisfaisait. Quatre ans après le décès de son mari, Jeanne reste une femme amère et malheureuse.

Ce qu'il y a de plus triste quand on pense à Joe et à Jeanne, c'est qu'ils auraient pu éviter leurs problèmes. Vous pouvez traverser votre deuil et en sortir en bonne santé. Pour réussir toutefois, vous devez mêler d'autres personnes à votre vie et à votre deuil.

Le pouvoir des expériences partagées

Vous trouvez énormément de soutien quand vous fréquentez d'autres personnes qui ont aussi subi une perte. Parmi tous les groupes de la paroisse, je préfère les groupes de soutien sur le deuil. Nulle part ailleurs je n'ai vu disparaître plus rapidement la barrière des générations. Il y a quelque chose de très spécial dans le fait de voir une jeune mère dont le bébé est mort-né et une veuve de 80 ans prendre soin l'une de l'autre.

Je n'arrive pas à imaginer de groupe plus ouvert et plus attentif aux autres. Ceux qui s'ouvrent à leur propre deuil sont particulièrement sensibles à celui des autres. On dirait qu'ils savent exactement quoi dire — et quand — à une personne dont le deuil est récent, et à quel moment elle n'a pas besoin ou pas envie d'entendre certaines choses.

Le deuil des autres ne vous abattra pas. Quand j'ai commencé à travailler avec des personnes endeuillées, j'ai supposé que chacune d'elles avait assez de sa propre angoisse à porter. Je pensais que si elles devaient entrer en contact avec le nouveau deuil des autres, le leur n'en serait que pire. J'avais tort! En apprenant à rejoindre les autres, vous deviendrez plus fort vous-même.

Plus le travail du deuil est mis en commun, mieux vous l'accomplissez. Plus vous parlez du deuil ouvertement, plus vous écrivez à ce sujet, plus vous le partagez avec les autres, mieux vous vous adaptez à votre propre perte. Personne ne dit que c'est facile, mais c'est nécessaire.

Les hommes et le deuil

Les hommes semblent éprouver plus de difficulté que les femmes à partager leurs expériences de deuil. Une partie de cette répugnance vient de la crainte masculine de l'attendrissement. Plusieurs d'entre nous ont grandi avec l'idée ridicule que les larmes signalent la faiblesse et le manque de caractère. Cette sottise coûte, en vérité, très cher.

Un homme que je connais s'est trouvé, pendant plusieurs années, au bord de la faillite. Par le passé, il avait été un homme d'affaires fort prospère. Il vivait avec sa famille dans le confort douillet d'une belle maison. Sa tentative d'expansion s'est soldée par la perte de son entreprise et de sa maison. Il devait tout recommencer à nouveau.

Étrangement, il semble très bien tenir le coup. Il ne veut toutefois pas aborder la question de ses sentiments avec qui que ce soit. Il pourrait pourtant grandir dans sa perte. Il pourrait obtenir le soutien d'un groupe de gens qui comprennent ses sentiments. Il pourrait actuellement cheminer sur la voie de la guérison. Malheureusement, ce n'est pas le cas. En gardant tout en lui, il court un risque de maladie grave beaucoup plus élevé que la normale.

Les hommes ont les mêmes besoins fondamentaux que les femmes quand il s'agit de la saine convalescence du deuil. Ces besoins incluent celui de se mêler à ceux qui subissent des pertes semblables et de parler ouvertement de ce qui arrive à chacun.

Si vous êtes un homme et qu'une épreuve majeure afflige votre vie, n'essayez pas de la surmonter tout seul. Si vous vous sentez trop mal à l'aise dans un groupe de femmes, un peu de recherche vous permettra de rencontrer d'autres hommes qui partagent vos sentiments. Réunissez-vous autour d'un déjeuner ou d'un dîner une fois la semaine. Servez-vous de ce livre pour guider vos discussions.

Les indélicatesses des gens

Presque tous les veufs et les divorcés que je connais ont eu affaire à quelqu'un qui leur a dit quelque chose que l'on ne peut que qualifier de *cruel.* On rejette souvent les personnes en deuil parce qu'elles pleurent et on les félicite quand elles sourient, même si ce sourire les tue. Les hommes et les femmes divorcés s'aperçoivent que leurs amis prennent parti et les jugent quand ils devraient prêter une oreille attentive.

Plusieurs veuves m'ont parlé du rejet dont elles sont victimes de la part de groupes sociaux ou religieux après la mort de leur conjoint. Après le décès de son mari, Maggie a ramassé son courage pour se rendre au club de bridge dont ils étaient membres depuis plusieurs années. Il s'agissait d'un pas difficile. Gaby et Maggie avaient toujours partagé le bridge. À son arrivée, une amie de longue date l'a accueillie à la porte avec ces mots: «Désolée, ma chère, ce n'est que pour les couples, tu ne le savais pas?»

On n'a pas besoin de beaucoup d'expériences comme celle-là pour se convaincre qu'on est mieux de faire son deuil tout seul!

Vous rencontrerez des gens, des médecins et même des prêtres qui se sentent trop mal face au deuil pour aller à votre rencontre. Les amis peuvent tout à coup vous éviter parce qu'ils ne savent pas quoi vous dire. Vos collègues peuvent craindre de dire quelque chose de bouleversant en votre présence et ne pas vous adresser la parole. On dirait souvent qu'il existe une conspiration du silence.

Malgré tout, le deuil efficace exige de la compagnie. Pour cette raison, vous devez absolument trouver un conseiller ou un groupe de soutien pour vous écouter. Dans presque tous les milieux on trouve ce genre de ressources, tout simplement parce que l'épreuve est une expérience universelle. À l'annexe C, vous trouverez les informations qui vous permettront de mettre sur pied un groupe de soutien sur le deuil, s'il n'en existe pas dans votre localité.

CHAPITRE 6

Quand arrivent les mauvaises nouvelles

Les premières réponses à une perte majeure

J'assistais à une conférence en compagnie d'environ cinq cents personnes quand j'ai vu mon nom affiché au tableau où l'on inscrit les messages téléphoniques. Lorsque j'ai décroché l'appareil, quelqu'un m'a annoncé que ma mère venait de mourir. Jusqu'à maintenant, je n'ai jamais pu me souvenir de l'identité de mon interlocuteur.

Maman n'avait que 54 ans. Même si je connaissais son état de santé, je ne m'attendais pas à ce qu'elle meure si vite. Elle venait d'entreprendre un nouveau traitement et sa maladie n'était pas censée mettre sa vie en danger. Elle était morte durant son sommeil d'une maladie de coeur liée à l'artériosclérose.

Tout abasourdi, je me suis éloigné du téléphone, ignorant quoi faire et où aller. À ce moment-là, notre ministre du culte a fait son apparition. «Ma mère est morte», ai-je murmuré d'une voix blanche. Six mois moins un jour plus tard, je découvrais le corps de mon père dans son appartement où il gisait depuis 24 heures. Il avait 57 ans.

Répondre au décès

Que faites-vous quand on prononce le mot «mort»? Comme la plupart d'entre nous, vous vivez sans doute un état de choc. Après cela, vous pouvez réagir d'à peu près n'importe quelle façon. Les sept premiers jours se passent souvent dans un brouillard dont vous ne vous rappelez pas grand-chose plus tard.

Vous ne pouvez vraiment pas planifier beaucoup au cours des premières heures et des premiers jours après une perte atterrante. Vous ne pouvez pas prévoir votre réaction à la mort d'un être cher. Même si vous avez déjà subi des épreuves, chaque expérience de perte diffère des autres et vous pouvez réagir de différentes manières.

Le nombre de personnes de plus de 60 ans qui n'ont jamais perdu un être cher m'étonne. Si vous n'avez pas encore connu cette expérience, vous ne devez absolument pas attendre que la mort survienne pour en parler.

Les conjoints s'entraident énormément quand ils envisagent la quasi-certitude qu'ils ne mourront pas ensemble. Si ce n'est déjà fait, cette conversation devrait avoir lieu peu après le mariage. Il est triste que les fiancés doivent réaliser que toutes les unions prennent fin avec la mort ou avec le divorce, mais c'est la réalité. Il n'est pas agréable de parler de la mort, mais ce n'est ni morbide ni déprimant, à moins que nous ne donnions cette orientation à la discussion.

La meilleure chose que je puisse vous dire à propos du moment où vous recevez des mauvaises nouvelles est que, peu importe votre réaction, vous agirez toujours correctement et normalement. Certaines personnes s'évanouissent, d'autres figent sur place, d'autres encore éclatent en sanglots ou bien deviennent les meilleures organisatrices du monde.

Aucune réaction n'est meilleure ou pire qu'une autre. Le fait de ne pas devenir hystérique ne signifie pas que vous aimiez moins le disparu. Vous n'êtes pas plus faible si vous pleurez que vous êtes courageux si vous ne le faites pas.

À long terme, les larmes sont une bonne chose et elles constituent un signe encourageant. Voici un bon conseil: après trois mois, si vous n'avez pas manifesté votre chagrin, vous devriez chercher de l'aide.

Cependant, vous vous connaissez mieux que quiconque. Si vous ne pleurez pas en d'autres circonstances, vous ne le ferez peut-être pas quand vous subirez une perte. Si vous n'avez pas envie de pleurer au cours des premières heures ou des premiers jours, ne vous en faites pas! Si, après un certain temps, vous éprouvez le besoin de pleurer et que vous ne le pouviez pas, cherchez à obtenir l'aide de professionnels.

Prendre soin de vous après la mort d'un être cher

Quand vous avez perdu un être cher, vous devez prendre bien soin de vous. En suivant les sept étapes, vous vous aiderez à surmonter cette période difficile.

1. Remarquez quel était votre état de santé avant l'épreuve.

Si vous étiez suivi par un médecin, si vous avez déjà été sujet aux problèmes cardiaques, aux crises cardiaques, à la haute pression, consultez *immédiatement* votre médecin.

2. Portez attention à ce que vous mangez et à ce que vous buvez.

Il se peut que la nourriture ne vous intéresse pas. Vous avez pourtant besoin de toute votre énergie et de toute votre force émotionnelle. Les longues périodes sans manger, suivies de périodes de malnutrition et de consommation de breuvages à la caféine ou d'alcool vous nuisent. Consultez l'annexe B pour connaître les éléments nutritifs dont vous avez besoin.

3. Parlez du défunt.

Parlez à toute personne qui vous écoute. Rappelez-vous les bonnes périodes du passé et racontez des histoires propres à la personne décédée. N'hésitez pas à parler des événements qui entourent le décès. Il se peut que vous racontiez inlassablement les circonstances de la mort. C'est normal, et c'est bon pour vous.

4. Prenez le temps d'être seul.

Quelque part, avant les funérailles, restez seul. Donnez-vous du temps, au moins une heure.

Répétez-vous à haute voix: «_________ est mort.» «Il (elle) est mort(e).» Ne dites pas qu'il (elle) est *parti(e)* ou qu'il (elle) vous a *quitté*. Utilisez le mot *«mort»*. Vous avez besoin de vous l'entendre dire. Ne craignez pas vos émotions. L'hystérie elle-même ne vous fera pas de mal.

5. Allez vous coucher aux environs de votre heure habituelle.

Faitez-le, même si vous n'avez pas envie de dormir. Il est important de conserver le plus possible votre routine quotidienne. *Évitez de vous calmer avec des médicaments, des drogues ou de l'alcool.*

6. Permettez à votre entourage de vous aider.

L'aide peut venir de votre paroisse, de vos collègues, des membres de votre club, ou de tout autre groupe en dehors de votre famille.

Plusieurs personnes ne savent pas quoi dire, mais ce n'est pas grave. Seule la présence compte. Dites-le à ceux qui vous offrent leur soutien.

Il se peut que les prières et autres pratiques religieuses ne vous viennent pas facilement. C'est normal. Au cours des premières heures, vous oublierez peut-être même le nom de votre prêtre, de votre rabbin ou de votre pasteur. Encore une fois, ne vous en faites pas. Votre foi vous rattrapera bien en cours de route.

7. Autorisez-vous à éprouver de la colère.

Si vous êtes furieux contre le monde entier ou contre Dieu, accordez-vous la permission de ressentir ces émotions. Cela ne blesse ni le monde, ni Dieu, ni même vous! Rappelez-vous: *même si vous connaissez la réponse, il est toujours bon de demander «pourquoi».*

L'épreuve des funérailles

Les funérailles ont habituellement lieu de trois à cinq jours après un décès. Il se produit cependant parfois des délais, à cause des circonstances du décès, de la distance qu'ont à parcourir les autres membres de la famille, de la température, de la disponibilité des lieux et du célébrant. De trois à cinq jours constituent une norme.

Durant cette période, vous devrez prendre des décisions que vous êtes, pour la plupart, seul en mesure de prendre. Si vous devez organiser les funérailles, vous aurez à:

choisir un salon funéraire;

déterminer le jour et l'heure des funérailles;

décider si le cercueil sera ouvert ou fermé;

décider si le service funèbre aura lieu en présence du cercueil;

prendre les arrangements pour que le corps soit enterré ou déposé dans une crypte;

décider si les cendres seront portées en terre ou placées dans une niche de columbarium, si vous optez pour la crémation;

choisir le célébrant du service funèbre. La plupart du temps, il s'agira d'un prêtre, d'un rabbin ou d'un ministre du culte;

téléphoner à un nombre impressionnant de personnes; chaque appel étant aussi difficile que le précédent;

retrouver les polices d'assurance, certificat de naissance, etc.;

en certaines circonstances, décider s'il y aura ou non autopsie.

Rien de tout cela ne vous tentera, mais vous devrez tout de même le faire. En fait, il s'agit d'une étrange bénédiction camouflée. Il m'arrive souvent de rencontrer des amis ou des proches du défunt à qui l'on ne demande rien et qui ont plus de mal à traverser les premiers jours que ceux qui ont toute la responsabilité de l'organisation. Les arrangements funéraires et toutes les autres tâches obligatoires soulagent bien des gens. Ils s'occupent à quelque chose de bien concret au moment où tout semble baigner dans l'abstraction.

Il est bon de demander l'aide de quelqu'un dont le choc n'est pas aussi fort que le vôtre. Il peut s'agir d'un voisin, d'un ami, d'un prêtre (nous sommes constamment appelés à le faire) ou d'un conseiller. Demandez à cette personne de vous accompagner au salon funéraire, de vous aider à choisir un cercueil et, au besoin, les vêtements pour les funérailles.

Il n'est pas juste que vous ayez à prendre des décisions dont les effets peuvent vous perturber (comme le coût des funérailles) quand vous n'êtes pas en état de le faire. Malheureusement, la disposition du corps et les arrangements funéraires ne peuvent pas attendre que vous vous sentiez mieux. Pour toutes ces raisons, une personne de confiance, non impliquée, peut vous apporter une aide précieuse.

Le directeur funéraire peut lui aussi vous dispenser son aide et ses conseils. J'ai bien souvent entendu parler de directeurs de funérailles qui profitent des gens en période de crise. Pourtant, en plus de vingt ans de pratique, je n'en ai jamais rencontré. Les directeurs funéraires que je connais sont des hommes d'affaires honnêtes qui s'intéressent aux gens qui viennent à eux.

Le jour des funérailles

Le jour des funérailles ne ressemble à aucun autre. Si vous êtes membre de la famille, vous bénéficiez de l'attention générale. Vous pensez parfois vous trouver au milieu d'un aquarium géant tandis que le monde entier vous regarde souffrir. La seule bonne chose, c'est que la mort d'un être cher rassemble votre famille élargie. Les histoires, les souvenirs et le soutien mutuel peuvent vous insuffler une force toute spéciale.

Plusieurs organismes apportent de la nourriture à la famille le jour des funérailles. Ce geste vous enlève de la pression: vous n'avez pas à penser à nourrir les gens après la cérémonie. Si l'on offre de vous fournir de la nourriture, acceptez. Suggérez de limiter la quantité de desserts. Votre famille et vous n'avez pas besoin de sucre en cette période de stress intense. L'abus de sucre vous donne fréquemment un surcroît d'énergie pendant une heure ou deux, mais l'affaissement du niveau d'énergie et de votre humeur le suivent aussi.

Les drogues et les tranquillisants

Essayez de ne pas prendre d'alcool, de drogues ou de tranquillisants avant les funérailles. Le service vise à vous aider bien plus qu'il ne se destine à aider le défunt.

Pour tirer le maximum du service, vous devez:

avoir autant conscience que possible de ce qui se passe;

être en contact avec vos sentiments;

exprimer votre deuil.

Les funérailles marquent souvent le moment où le décès prend tout son sens à vos yeux. Bien que douloureuse, la réalité de la perte au moment du service peut s'avérer très importante dans quelques semaines ou quelques mois.

Ni vous ni les autres membres de votre famille n'avez à faire montre de force pour les autres, pour les amis ou même pour la communauté. Ce n'est pas le moment de jouer les braves, les nobles ou les courageux. Ce n'est pas le moment de montrer à quel point vous vous souciez des autres.

Exposer le corps

Tout le monde fait face à la décision d'exposer ou non le corps.

Voici une règle générale à ce sujet: *faites ce qui vous plaît.*

Il n'existe pas de bonne ou de mauvaise façon de faire.

De nombreuses personnes croient que l'exposition avant les funérailles les aide à prendre conscience de la mort. Quand vous voyez le corps de l'être aimé dans un cercueil, vous pouvez difficilement nier l'évidence de votre perte.

Il n'est pas mal de toucher le corps. Quand le frère de ma femme est mort, elle était incapable d'accepter la réalité de son décès et de commencer son deuil tant que nous n'avons pas été au salon funéraire et qu'elle ne l'a pas touché. Si vous n'avez jamais touché un mort, sachez que ce contact vous aide à estomper le choc initial; le corps sera très froid et la peau aura acquis la texture du cuir.

Si votre proche a longtemps été malade avant de mourir, s'il a été confiné à une chambrette des soins intensifs, et branché à toutes sortes de tubes et de machines, vous éprouverez sûrement soulagement et réconfort à le voir plus paisible.

Vous pouvez également décider d'une exposition privée, destinée aux seuls membres de la famille, avant l'arrivée des autres personnes. Cette façon de faire permet de surmonter le choc initial et de se contrôler davantage en public.

Par ailleurs, vous voudrez peut-être vous souvenir du défunt comme il était la dernière fois que vous l'avez vu. Il est encore possible que les circonstances du décès rendent l'exposition impossible ou indésirable. Si vous avez des problèmes de coeur ou de haute pression, vous devriez choisir une manière plus douce de faire face à votre perte.

Quelle que soit votre décision, elle est sûrement bonne pourvu que vous ne vous en serviez pas pour nier l'évidence de la mort. De toute façon, vous nierez bien assez dans quelques jours. Si vous hésitez, si vous n'arrivez pas à décider et si vous jouissez d'une bonne santé, je vous suggère de voir en privé le corps avant de décider.

Parler de la mort aux enfants

Je me suis souvent demandé si on devait permettre aux enfants d'assister aux funérailles ou de voir le défunt.

La réponse est OUI. Un OUI fort et franc.

On ne devrait pas obliger les enfants, surtout les très jeunes, à voir le défunt ou à assister aux funérailles. Mais on ne devrait pas les en empêcher. Quand la mort frappe la famille, il est important d'impliquer les enfants dans les rites de chagrin et de deuil. Si vous tentez de «protéger» vos enfants en les excluant de votre tristesse, ils y verront une sorte de désertion. De loin, il est préférable que les enfants apprennent à connaître la mort par le biais de votre propre expérience du deuil que de subir votre retrait sans en connaître la raison.

Quand il se produit une mort dans la famille, je suggère plutôt ce qui suit:

Impliquer vos enfants.

Ne tentez pas de cacher votre tristesse.

Ne vous comportez pas comme si vous déteniez toutes les réponses; vos doutes et vos questions ne les blesseront pas.

Dites-leur bien que personne — ni eux ni qui que ce soit d'autre — n'est à blâmer. Les enfants s'accusent souvent des tragédies qui affectent les adultes.

Expliquez-leur la mort aussi simplement que vous le pouvez. Faites-le en des termes que les enfants peuvent comprendre. Servez-vous du mot «mort». Ne dites pas que le défunt est endormi ou qu'il est parti. Les enfants pensent que ce que leur disent les adultes est la vérité absolue et ils considèrent les choses d'un point de vue littéral, c'est-à-dire au sens premier des termes. Si vous affirmez que le grand-parent s'est endormi, l'enfant peut craindre de s'endormir ou il peut vous demander de réveiller grand-papa ou grand-maman.

Répondez honnêtement à leurs questions et attendez-vous à quelques interrogations pour le moins étranges. Une petite fille de trois ans, dont le frère était mort et avait été incinéré, voyageait en avion avec ses parents pour aller porter les cendres au cimetière. Elle a demandé à ses parents si les cendres de l'urne étaient le corps de son frère. Tandis que l'avion descendait, elle s'inquiétait parce qu'elle croyait que l'avion atterrirait sur lui. Arrivée à l'aéroport, elle a commencé à chercher son frère dont elle croyait qu'il viendrait à leur rencontre. Le jour des funérailles, elle était très déçue parce qu'elle s'attendait à l'y voir. Quand on lui a reparlé des cendres, elle voulait regarder dans l'urne pour voir son frère.

Ne dites pas non plus aux enfants que Dieu est venu chercher le défunt. Vous y trouverez peut-être du réconfort si cela convient à vos convictions religieuses, mais les enfants pourront croire que Dieu viendra vous chercher — ou les prendre eux-mêmes — ensuite.

La mort d'animaux favoris ou d'étrangers vous donne la chance d'aborder le sujet avec eux. Comme vous en parlez sans le fardeau émotionnel de votre propre deuil, vous pouvez jeter les bases d'une perception des décès qui surviendront dans la famille.

Certains ouvrages peuvent vous servir. On les retrouve en bibliothèque ou en librairie. J'ai trouvé les suivants particulièrement utiles:

Olivier perd son grand-père, de Monica Gydal et Thomas Danielsson, publié aux éditions Héritage.

Dis-moi, c'est quoi et *Tu es jeune, tu as toute la vie*, publié par la Corporation des thanatologues du Québec, C.P. 83, Saint-Chrysostome (Québec) J0S 1R0 (514) 826-3133.

Si un décès dans la famille semble troubler votre enfant outre mesure, consultez un psychologue familier autant avec les enfants qu'avec la mort. Votre directeur des funérailles ou votre pasteur peut vous renseigner à ce sujet.

Répondre à un divorce

Le décès dans votre famille n'est pas l'unique source de chagrin et de deuil. Que faites-vous en cas de divorce? Le choc de cette nouvelle n'est pas moins pire que celui de l'annonce de la mort.

Supposons un instant que vous ayez toujours été raisonnablement heureux en mariage. Tout n'est pas parfait, mais qu'est-ce qui l'est? Un jour, votre conjoint vous annonce tout bonnement qu'il (ou elle) veut divorcer.

Vous pouvez aussi avoir vécu des relations conjugales malheureuses depuis plusieurs années. On aurait dit que votre conjoint et vous étiez toujours sur des longueurs d'onde différentes. L'un de vous deux aimait le rouge, l'autre le détestait. L'un de vous deux ne pouvait vivre sans un groupe d'amis particulier, l'autre ne pouvait pas les sentir.

Vous vous êtes peut-être «accroché» à cause des enfants, ou parce que vous croyiez qu'un jour les choses allaient changer. Maintenant, il ne vous est plus possible de continuer ce mensonge. Vous avez rassemblé votre courage, rencontré un avocat, et la demande de divorce parviendra à votre conjoint demain. Ce soir, vous lui annoncerez que vous ne voulez plus de ce mariage.

Toutes ces situations illustrent une perte majeure. La première question qui nous vient à l'esprit reste toujours la même: «Qu'est-ce que je fais maintenant?»

Si l'une de ces situations ressemble à la vôtre, vous devez savoir qu'un certain nombre de questions font surface au cours de la première semaine qui suit l'annonce. Vous pourrez vous demander:

Est-ce que j'ai pris la bonne décision?

Pourquoi est-ce que ça m'arrive?

Que vont penser nos amis?

Comment puis-je affronter ma famille?

Examinons ensemble quelques-unes des réponses.

Le choc qui suit l'annonce d'un divorce ressemble à celui qui suit la nouvelle du décès d'une personne qui nous est chère.

En cas de divorce, la personne n'est pas morte, mais la relation que vous entreteniez avec elle, les rêves que vous avez élaborés depuis votre mariage le sont. Malgré tous les divorces que notre société connaît, je n'ai jamais marié un seul couple qui ne se soit pas attendu à une vie entière à deux.

Le choc que vous subissez en prenant conscience de l'échec de votre mariage ressemble beaucoup à celui qui vous frappe au décès de votre conjoint. En fait, certains divorcés m'ont dit que, sous plusieurs aspects, le divorce est pire que la mort!

«Si mon mari était mort, j'aurais au moins eu un corps à enterrer et quelque chose à faire», a déclaré Sally qui parlait, je pense, pour plusieurs. «Avec le divorce, il se promène toujours et je n'ai que mon orgueil à enterrer. Si j'étais veuve, j'aurais la sympathie de nos amis. En tant que divorcée, je ne récolte que des blâmes!»

Prendre soin de soi après un divorce

Vous feriez bien de vous porter une attention toute spéciale durant les premières semaines qui suivent l'annonce d'un divorce. Je vous recommande les choses suivantes:

1. Remarquez quel était votre état de santé avant votre divorce ou votre séparation.

(Oui, c'est bien la même première étape qu'après la mort!) Si un médecin vous suivait, ou si vous souffriez de problèmes cardiaques ou de haute pression, consultez immédiatement votre médecin.

2. Portez attention à ce que vous mangez et à ce que vous buvez.

(Eh oui! c'est encore la même chose.) Vous voudrez peut-être répondre à votre colère et à votre bouleversement émotionnel en vous gavant de nourriture ou d'alcool. Bien que compréhensible, ce désir ne vous aide pas. Voyez l'annexe B pour les éléments nutritifs dont vous avez besoin.

3. Trouvez quelqu'un avec qui vous pouvez parler en toute liberté.

Ce dont vous avez le plus besoin en ce moment, c'est d'une oreille attentive. Trouvez quelqu'un qui vous écoutera sans vous juger et sans trop vous conseiller; quelqu'un qui s'intéresse naturellement à vous. Comme pour le décès, il est important de parler des circonstances qui entourent le divorce. Avez-vous pris la décision? Est-ce que votre conjoint vous a tout bonnement lancé sa bombe? Qu'est-ce que vous ressentez? Vous devez absolument en parler.

4. Ne taisez pas votre divorce.

Le plus tôt possible, laissez connaître la situation à votre famille, à vos amis, à votre pasteur, à vos collègues et à vos associés. La crainte du rejet des autres est presque toujours pire que la réalité.

Plus vite vous pourrez parler ouvertement de ce qui se passe, mieux vous vous porterez. Vous n'avez pas à vous sentir honteux. Si la famille, les amis ou le clergé ne comprennent pas, ils ont plus de problèmes que vous.

5. N'accordez pas à vos sentiments du moment une importance durable.

Comme chez la plupart des divorcés, vos émotions passeront de la colère à la panique. Si vous avez pris la décision de divorcer, pendant un certain temps vous pourrez connaître l'euphorie. Par ailleurs, si vous n'aviez pas senti venir la rupture, vous pourrez vous sentir trahi et brisé.

Essayez de vous rappeler que vous ne vous sentirez pas toujours comme en ce moment. Si vous vous sentez bien, vous aurez probablement à subir une chute. Si vous êtes déchiré, vous vous en remettrez.

6. Consultez un avocat et un conseiller spirituel/psychologique.

Consultez ces deux professionnels avant de prendre des décisions irréversibles. Je ne peux vous dire à quel point les gens s'imposent des souffrances inutiles en agissant sous le coup de leurs émotions passagères plutôt que sur les conseils d'un avocat.

Toutes les personnes que j'ai connues et qui ont bien surmonté cette épreuve ont consulté un professionnel du spirituel/psychologique. Quand la situation implique des enfants, il est absolument nécessaire de le faire.

Répondre aux autres pertes

Comment réagissez-vous au mot *congédiement*? Aux mots *cancer, amputation, déménagement, retraite anticipée, faillite, sénilité, échec* ou à tout autre mot qui désigne une perte d'amour-propre, d'amour, d'environnement familier ou de sécurité?

Il ne fait pas de doute que certaines pertes vous affligent plus que d'autres, mais toutes les pertes vous affectent.

Vos expériences de perte ressemblent aux pages du journal de votre vie. Quand on ajoute une nouvelle page, l'histoire de toutes vos pertes se répète encore une fois.

Chaque fois qu'une perte vous afflige, les étapes qui suivent vous aideront à trouver la bonne voie durant votre deuil:

1. Identifiez précisément votre perte.

Dans une faillite, par exemple, la perte d'argent ou de revenu est souvent moins traumatisante que celle de l'amour-propre.

Dressez l'inventaire de vos pertes. Dans toute épreuve, vous trouverez habituellement plus d'une perte. Identifiez vos sentiments à l'égard de chacune d'entre ellesen vous servant de la liste des sentiments que vous trouverez à l'annexe A.

Quelle perte entraîne les sentiments les plus puissants? Voilà où vous devez commencer.

2. Dressez votre propre bilan.

Actuellement, quel est votre état physique, émotionnel, intellectuel et spirituel?

Ces dimensions de votre personnalité n'existent pas l'une sans l'autre; elles coexistent. Votre attitude affecte vos émotions, vos émotions affectent à leur tour votre santé qui commande et vos émotions et votre attitude, tandis que votre dimension spirituelle agit sur tout le reste.

Laquelle de ces dimensions a besoin d'aide? Déterminez quel est le genre d'aide qui vous convient en la matière. Vous aurez peut-être besoin de consulter ou de prendre des vacances. Allez chercher l'aide dont vous avez précisément besoin.

3. Parlez de votre perte et de votre deuil.

Parlez de votre perte à quiconque vous écoute. Parlez-en à autant de personnes que vous le pouvez. N'hésitez pas à appeler votre réaction par son nom: *deuil.*

Portez à votre journal la date et le nom des personnes à qui vous avez parlé de votre deuil.

Durant la première semaine, fixez-vous comme objectif de parler de votre perte chaque jour, à au moins une ou deux personnes.

4. Trouvez un réseau de soutien.

Durant votre deuil, vous aurez besoin des gens qui vous accompagneront, que ce soit pour quelques jours ou pour plusieurs années.

Vous devrez peut-être créer votre propre réseau de soutien. Si vous appartenez à une paroisse ou à une synagogue, vous y trouverez un réseau déjà existant. Votre paroisse possède déjà son propre groupe de soutien ou en a besoin d'un. Soyez assuré que d'autres personnes attendent quelqu'un dans votre genre pour en mettre un sur pied.

Si vous ne faites pas partie d'un groupe religieux, vous en trouverez un à l'église ou à la synagogue, ou vous pourrez en former un dans votre voisinage, à votre club ou à votre travail.

La perte et le deuil sont des expériences universelles. Autour de vous, bien des gens ont besoin d'autant de soutien que vous, soyez-en sûr. Il est souvent très difficile de tendre la main quand vous vous débattez dans le deuil. Mais un puissant réseau de soutien vous aidera à tracer votre chemin dans cette expérience pénible.

L'assourdissant bruit du silence

Pendant quelques jours après la mort d'un être cher, les amis et les membres de la famille vous entourent. Mais vient trop vite le temps où les membres de la famille doivent rentrer chez eux et où les amis semblent trop fatigués pour s'occuper de votre deuil.

Si vous divorcez, les amis et la famille se porteront à votre défense, s'apprêteront à écouter vos plaintes et à vous réconforter pendant quelques jours. Et puis, ils reprendront leur vie et s'attendront à ce que vous fassiez de même.

«Un jour, vous êtes le centre de l'attention et on dirait que tout le monde vous aime et partage votre perte», disait Marjorie deux semaines après la mort de son mari. «Vous vous réveillez le lendemain matin et tout le monde est parti. Vous êtes plus seul que vous ne l'avez été durant toute votre vie. Tout est tellement tranquille que le silence est assourdissant.»

Le choc de Marjorie s'est estompé à peu près au moment où tous les gens de son système de soutien sont rentrés chez eux.

Quand quelqu'un meurt, nous, gens d'église, avons manqué aux fidèles en les abreuvant de compassion et d'attention pendant à peu près une semaine pour ensuite disparaître, comme le brouillard avant le lever du soleil. Accompagner les gens durant les funérailles est une bonne chose. Mais après les funérailles, le vrai travail du deuil commence, et dure au moins trois ans.

Préparer les semaines à venir

Après toute épreuve majeure, vous aurez peut-être du mal à demander de l'aide. Les gens vous diront de les appeler quand vous aurez besoin d'eux. Au moment où le besoin se fait le plus durement sentir, l'idée de téléphoner n'effleure même pas votre esprit! Vous vous sentez seul et perdu. Vous souhaitez que quelqu'un vous vienne en aide sans que vous ayez à le demander.

La plupart du temps, personne ne vient à votre rencontre. Cela ne signifie pas que tout le monde s'en fiche. Cela montre que peu de gens comprennent la perte et le deuil. C'est le moment de foncer. Inscrivez les informations suivantes sur un calepin que vous laisserez près de votre téléphone:

1. Le nom et le numéro de téléphone de votre prêtre, de votre pasteur ou de votre rabbin.

Si vous ne maintenez pas un contact régulier avec un membre du clergé, inscrivez les coordonnées du célébrant des funérailles. Si c'est impossible, pensez à la personne la plus solide et la plus compréhensive que vous connaissiez. Notez le nom de cette personne sur votre calepin.

En cas de divorce, faites la même chose. Parmi vos connaissances, demandez-vous qui a divorcé et qui a semblé grandir dans cette expérience.

Testez la fiabilité de cette personne en l'appelant *avant* d'avoir besoin d'aide. Demandez-lui si vous pouvez lui téléphoner durant la nuit en cas de crise. Rappelez-vous qu'une réponse négative n'équivaut pas à un rejet. Cela signifie tout simplement que l'autre est ou bien trop stressé, incapable de vous aider par rapport au deuil, ou bien a d'autres bonnes raisons de ne pouvoir accéder à votre demande.

Dans ma paroisse, je m'occupe d'environ deux mille personnes. Je ne peux absolument pas me rendre disponible pour chacun. J'ai la chance d'avoir deux associés et un groupe de personnes spécialement entraînées à ce faire pour m'aider à ma tâche. Il arrive tout de même que je doive dire non à quelqu'un.

Si votre premier choix ne peut pas vous aider, téléphonez à quelqu'un d'autre. Une fois que vous avez établi le contact avec quelqu'un de disponible, assurez-vous de

ne jamais téléphoner à des heures indues, à moins qu'il ne s'agisse d'un moment de crise pour vous,

et...

n'hésitez jamais à téléphoner quand vous avez besoin d'aide.

2. Inscrivez aussi le nom et le numéro de téléphone de votre médecin (y compris le numéro de téléphone et l'adresse pour le joindre en dehors des heures de bureau) et de l'hôpital le plus près.

3. Notez le nom et le numéro de téléphone des membres de votre famille avec qui vous pouvez parler librement.

Ce sont les personnes que vous voudrez avertir en cas d'urgence.

En écrivant ces informations, et en les conservant près de votre appareil téléphonique, vous obtenez l'assurance que vous n'aurez pas à chercher en cas d'urgence ou quand vous serez affolé. C'est une bonne façon de recommencer à prendre votre vie en main.

Si vous travaillez, retournez au bureau aussitôt que vous le pouvez. Rencontrez votre superviseur, votre associé ou toute personne responsable pour lui dire qu'au cours des prochaines semaines ou des prochains mois, vous ne serez peut-être pas aussi efficace que par le passé. Dites-leur bien que votre productivité reprendra son cours normal, et croyez-y vous-même.

Certaines journées se dérouleront relativement bien, quand tout à coup quelque chose ramènera l'intensité de votre perte et de votre deuil et que vous aurez besoin de rentrer chez vous ou de vous reposer jusqu'à ce que vous ayez retrouvé votre calme.

Vous aurez parfois l'impression de voir le défunt dans une foule ou de l'entendre parler depuis une autre pièce. Une publicité radiophonique ou télévisuelle pourra ramener certains souvenirs poignants. La conversation de collègues pourra provoquer le même phénomène. Ce genre d'événements peut entraîner un torrent de larmes. Vos collègues doivent savoir que vous ne tombez pas en morceaux, mais que vos larmes constituent plutôt un signe de guérison.

Rentrer dans une maison vide peut vous terrifier. Tout comme le fait d'attendre que la voiture de votre mari arrive dans l'entrée à l'heure habituelle pour vous rappeler qu'il ne rentrera plus jamais à la maison.

Les mères d'enfants décédés ont souvent bien du mal quand sonne l'heure du bain, de la sieste, ou quand les autres enfants rentrent de l'école.

Vous aurez peut-être du mal à sortir de la maison. Il est étrange de rencontrer des gens quand on est devenu veuf(ve) ou divorcé(e).

Avant la mort de son mari, une femme n'avait pas conduit de voiture depuis dix ans. Après son décès, elle a dû réapprendre à conduire. Non seulement craignait-elle la circulation, mais chaque fois qu'elle prenait le volant se souvenait-elle qu'elle ne conduisait que parce qu'il était mort. Pendant plusieurs mois, son deuil s'amplifiait chaque fois qu'elle prenait la route.

Outre certaines circonstances qui lui sont propres, la personne divorcée doit affronter les mêmes situations que la veuve. Les gens accorderont volontiers leur sympathie à une veuve, du moins au début, mais ils ne semblent pas réaliser qu'un divorce fait aussi mal.

L'homme divorcé doit ordinairement déménager, dans un appartement la plupart du temps. L'entretien ménager, les repas et la lessive peuvent poser des problèmes réels. Les gens semblent s'attendre à ce que chaque homme divorcé soit transporté de joie au recouvrement de sa «liberté» et qu'il n'ait de cesse de reprendre une vie de plaisir.

En fait, la plupart des hommes avec qui je me suis entretenu ressentent une peur mortelle à la seule idée de recommencer à fréquenter des femmes.

Les femmes qui ont de jeunes enfants ont l'imposante tâche des mères célibataires et s'efforcent de satisfaire les besoins des jeunes sans obtenir beaucoup d'aide. La plupart du temps, le divorce exige la vente de la maison, demande que les deux personnes retournent sur le marché du travail et trouvent un système de garderie pour les enfants, tandis que le niveau de vie décline, souvent de façon importante.

Il est impossible de dresser une liste de toutes les situations auxquelles vous devez faire face quand survient l'épreuve majeure. J'ai mentionné quelques-unes des choses qu'affrontent les gens à la suite d'un décès ou d'un divorce. Je pourrais encore écrire des pages à propos des défis que demandent les autres pertes. Une jeune femme charmante de mes connaissances a perdu une jambe à la suite d'un cancer. Autrefois athlète extraordinaire, elle a dû réapprendre à marcher. Un peu plus tard, on a dû lui enlever un poumon. Elle vit maintenant dans la crainte permanente d'un retour du cancer.

Comme toute personne en deuil, vous devrez affronter certaines situations pour lesquelles vous n'êtes pas préparé. Parfois, il vous arrivera de songer que vous êtes seul à ressentir ce que vous éprouvez. Vous pourrez penser que vous perdez la tête, que vous devenez fou. Vous souhaiterez pouvoir fuir ou mourir. Vous vous sentirez plus seul que jamais dans votre vie.

Lisez bien ceci:

Vous êtes normal! Ce qui vous arrive est prévisible. C'est une des étapes nécessaires du deuil. Vous devez y faire face. Les choses rentreront dans l'ordre. Vous gagnerez.

CHAPITRE 7

Commencer maintenant

Personne ne peut le faire à votre place

Au-dessus de mon bureau, j'ai épinglé cette citation d'un auteur inconnu:

Maintenant ne reviendra plus,
Je ferai le maximum aujourd'hui.
Je ne reviendrai jamais plus,
Je ferai le maximum de moi-même.

Voilà un bon leitmotiv pour accomplir un travail du deuil efficace. Aujourd'hui est le seul moment pour commencer à considérer vos pertes. Demain ne vous semblera pas un meilleur moment pour vous atteler à la tâche. Vous êtes la seule personne capable d'effectuer ce périple dans le deuil. En l'entreprenant, vous découvrirez que vous êtes capable de relever le défi.

Dans un sens, le travail du deuil ressemble un peu à l'amour: en parler ne sert à rien; vous devez le faire.

Évidemment, le deuil n'a rien de plaisant. Mais si vous apprenez à connaître les rouages d'un deuil efficace, vous pouvez sortir de votre deuil avec un grand sentiment de satisfaction.

Commencez tout de suite le travail du deuil. Si vous avez subi une épreuve majeure, vous ne tirerez pas avantage à attendre un autre jour, quand vous vous sentirez mieux, pour aborder ce travail. Remettre cette tâche à plus tard, c'est risquer votre santé et votre joie de vivre à venir et c'est bien trop cher payer.

Les exercices qui vous aident

Ce livre contient des exercices qui peuvent vous aider à traverser toute perte durant votre vie. Chaque exercice centre votre attention sur une étape particulière de la guérison du deuil. Tous les exercices ne vous conviennent pas en ce moment. Cependant, tous méritent votre attention.

Les exercices destinés au deuil qui suit un divorce, par exemple, s'appliquent aussi aux autres pertes. Ceux qui sont centrés sur le deuil en général s'appliquent au divorce, au déménagement, avec de légers ajustements. Si l'épreuve particulière décrite ne convient pas à votre expérience, il y a de bonnes chances qu'elle convienne à quelqu'un de votre connaissance qui a besoin de compréhension et d'aide.

Rappelez-vous: vous ne traversez pas un deuil de manière ordonnée, bien définie. La tâche qui vous semble terminée trois mois après un décès pourra être reprise encore plusieurs fois. Si vous vivez cette expérience, sachez qu'il ne s'agit pas d'un recul mais du processus normal du deuil.

Le plus important, c'est que vous affrontiez votre perte et le travail du deuil. Vous serez tenté d'essayer une porte de sortie à la douleur du deuil ou de vous retirer et d'attendre patiemment qu'elle prenne fin. Aucune de ces approches ne fonctionne.

Les exercices vous aideront à passer à travers votre deuil, et c'est la seule façon de procéder.

Quatre points importants à connaître à propos du deuil

À titre de réchauffement aux exercices, révisez les quatre points importants à retenir à propos de la guérison du deuil (chapitre 5). Rappelez-vous-les aussi souvent que nécessaire, jusqu'à ce qu'ils vous viennent automatiquement:

La seule façon de sortir du deuil est de le traverser.

Le pire genre de deuil est le vôtre.

Le deuil demande du travail.

Le deuil efficace exige de la compagnie.

La compréhension et l'acceptation de ces points à propos de la guérison du deuil sont cruciales quand vous voulez vous bâtir une vie heureuse après une épreuve majeure.

Questionnaire relatif à l'histoire de votre vie

Cet exercice convient à tout le monde. Il vous aidera à identifier les expériences de perte qui peuvent vous avoir semblé bénignes au moment où elles se sont produites, mais qui continuent aujourd'hui d'affecter votre bonheur.

Complétez le questionnaire suivant l'ordre de présentation et répondez à toutes les questions avant de lire les instructions qui le suivent.

A. Énumérez les changements les plus importants survenus dans votre vie au cours des deux dernières années. Inscrivez aussi les expériences positives comme les promotions, l'acquisition d'une nouvelle maison, le mariage (qu'il s'agisse du vôtre ou de celui de vos enfants), la retraite ou l'obtention d'un diplôme universitaire. Les expériences négatives comprennent le décès de membres de votre famille, la perte d'un emploi, l'intervention chirurgicale, le déménagement ou la faillite.

B. Dressez le bilan de la dernière année. Bonheur, satisfaction (quelques hauts et quelques bas) ou tristesse (dépression, malheur).

	Jan.	Fév.	Mars	Avril	Mai	Juin
Bonheur						
Satisfaction						
Tristesse						

	Juil.	Août	Sept.	Oct.	Nov.	Déc.
Bonheur						
Satisfaction						
Tristesse						

C. Quelle a été la nature de vos problèmes physiques au cours des dix-huit derniers mois?

D. Décrivez votre vision de la vie actuelle en termes de:

couleur

goût

odeur

toucher

son

E. Si vous pouviez changer une chose dans votre vie en ce moment, qu'est-ce que ce serait? (Décrivez votre perception de cette chose et la façon dont vous croyez que cela devrait se produire.)

Après avoir complété le questionnaire, relisez vos réponses. Pendant que vous le faites,

1. Demandez-vous: «Quelle perte ai-je subie lors de chacun des changements importants que j'ai énumérés?»

2. Laquelle de ces pertes continue d'affecter votre vie? Quand vous pensez à cette perte, quels sentiments éprouvez-vous?

Reportez-vous à la liste des mots qui décrivent les sentiments dans l'annexe A pour réussir à les nommer.

3. Examinez le tableau de vos perceptions de la dernière année. Y a-t-il corrélation entre vos humeurs à différents moments et les pertes que vous avez identifiées?

Pensez à vos sentiments les plus tristes et essayez de vous rappeler ce qui se passait à chacune de ces occasions.

Identifiez vos pertes dans chacune de ces expériences et nommez vos sentiments à leur sujet.

4. Qu'arrivait-il dans votre vie quand vous vous sentiez très heureux? Quels sentiments pouvez-vous identifier quand vous songez à ces expériences? De quelle façon contrôliez-vous votre propre destinée durant ces périodes?

5. Examinez la liste de vos problèmes physiques. Y a-t-il une relation entre ces problèmes et les expériences de perte que vous avez identifiées?

Trouvez la période approximative de l'apparition de vos symptômes physiques. Mesurez par périodes de 6 mois, 9 mois, 1 an, 18 mois et 2 ans.

Qu'arrivait-il dans votre vie durant chacune de ces périodes? Quelle épreuve vous affligeait?

6. Est-ce que vos problèmes physiques vous empêchent de faire ce que vous feriez autrement?

Si c'est le cas, décrivez ce que vous feriez si vous le pouviez. Mesurez l'étendue de votre perte due à cette limitation.

7. Portez attention aux termes dont vous vous êtes servi pour exprimer votre vision de la vie. Aimez-vous ces images?

Cette couleur est-elle votre préférée?

Ce goût représente-t-il de la nourriture que vous aimez?

Cette odeur vous est-elle agréable?

Ce contact vous plaît-il?

Aimeriez-vous réentendre ce bruit?

Que pensez-vous de vos réponses dans chacune des catégories? Indiquent-elles une vision positive ou négative de la vie?

Si votre vision de la vie est plus négative que positive, demandez-vous: «Qu'ai-je perdu récemment qui me ferait considérer la vie de façon plus positive si on me le rendait?

8. Pensez à ce que vous aimeriez le plus changer dans votre vie. Est-il possible de réaliser ce changement? Vous ne pouvez pas ramener un être cher qui a disparu, un ex-conjoint qui se remarie, un membre ou un organe enlevé par chirurgie ou un moment spécial de votre vie. Vous remettre d'à peu près toutes les autres pertes est toujours possible, peu importe la possibilité de guérison.

9. Si le changement que vous aimeriez effectuer n'est pas possible, vous devez laisser le travail de votre deuil s'accomplir. Identifiez le point central de votre deuil. Ne tentez pas de vous conter des blagues ou d'identifier une perte qui vous semble plus respectable. Si, par exemple, vous divorcez et que ce ne soit pas la perte de votre conjoint qui vous blesse, mais bien la perte de vos enfants ou de votre amour-propre, dites-le et faites de cette perte le pivot de votre deuil.

10. Si le changement que vous aimeriez faire est possible, demandez-vous:

Pourquoi n'ai-je pas déjà effectué ce changement?

Qu'est-ce qui m'en empêche?

Est-ce que ce changement demande la participation de quelqu'un d'autre? De qui?

Lui en avez-vous parlé?

En sachant que tout changement a son prix, combien vous coûtera cette transformation?

Acceptez-vous de payer ce prix?

Parlez du questionnaire

Pour tirer avantage du questionnaire, révisez-le vous-même puis partagez vos découvertes avec un ami de confiance, un membre de votre famille, un conseiller ou un prêtre. Le simple fait de parler de votre perte et de vos sentiments est une étape importante de la guérison.

Votre épreuve peut vous sembler tellement minime que vous aurez honte d'en parler. Si c'est le cas, rappelez-vous le deuxième point important à propos de la guérison du deuil: le pire genre de deuil est le *vôtre*.

Il est primordial que vous portiez attention à toute relation entre vos problèmes physiques et une période de deuil. Vous pouvez gaspiller beaucoup de temps et d'argent à soigner les symptômes physiques et ne jamais en trouver la cause si la perte et le deuil en sont les facteurs déterminants. Si vous pensez qu'il peut y avoir une relation, vous devriez consulter un psychologue, un prêtre ou un médecin qui comprend la relation entre le deuil et la maladie.

Les grandes lignes du travail du deuil

Une fois que vous avez identifié vos pertes, vous devez commencer à recouvrer votre équilibre. Les lignes directrices suivantes vous aideront à entreprendre ce travail et vous permettront de continuer quand vous vous fatiguerez de la tâche.

Persuadez-vous que votre deuil a une raison et une fin

Vous y arriverez. Il est vrai que le deuil est un travail à accomplir. Il est aussi vrai que ce travail se terminera un jour. Je vous demande de croire en ma parole au début. Vous penserez sans doute que votre tristesse s'éternisera. Elle passera. Vous le constaterez plus tard en suivant mes recommandations.

Un peu plus tôt, j'ai comparé le travail du deuil au lavage de la vaisselle. Une fois que vous avez lavé la vaisselle, ce travail est terminé jusqu'à ce que vous vous serviez à nouveau des assiettes. Le travail du deuil ressemble à cela. Une fois que vous avez accompli le travail nécessaire pour retrouver votre équilibre, vous en avez fini jusqu'à la prochaine épreuve. Plus vous en savez à propos du deuil, mieux vous pouvez le traverser.

Personne ne souhaite devenir expert en la matière. Nous craignons une catastrophe si la chose venait qu'à se savoir. Nous aimerions bien mieux agir sans avoir l'expérience du deuil. Mais la vie ne se déroule pas de cette façon. Les périodes de deuil ne vous seront pas épargnées, c'est pourquoi il est si important que vous croyiez que votre deuil a une raison.

Si votre vision de la vie est optimiste et saine, vous croyez fondamentalement que la vie est bonne. Quand vous éprouvez une perte majeure, cette appréhension de la vie est ébranlée. Vous vous demandez si la vie n'est pas plutôt chaotique et injuste. À la vérité, la vie est par fois chaotique et injuste!

Peu après notre mariage, dans l'appartement où nous habitions au troisième étage d'un édifice, ma femme et moi avons été réveillés au milieu de la nuit par un formidable tremblement de terre californien. En ouvrant les yeux, notre environnement ne nous semblait plus solide, ni familier. Le balancement nous donnait mal au coeur, nous nous sentions perdus et nous étions terrorisés. Nous aurions dû, en toute logique, quitter immédiatement la pièce et nous rendre à un étage inférieur, peut-être même sortir de l'édifice qui aurait pu s'effondrer. Au lieu de cela, nous restions là, paralysés par la peur, à nous méfier de notre environnement. Nous sommes restés au lit, cramponnés l'un à l'autre, jusqu'à ce que le mouvement s'arrête.

Quand une perte majeure survient dans votre vie, le même tremblement s'empare de votre réalité, qui se perd avec votre sentiment de sécurité. La paralysie qu'engendrent la peur et la méfiance ne vous permettra pas de reprendre votre équilibre. Mais il faut dire qu'il est bien difficile de se mettre en branle. Pour cela, vous devez croire qu'une raison se cache derrière ce qui vous arrive.

Je ne veux pas dire qu'une raison motive votre perte. Vous ne devez pas croire que votre perte survient pour vous donner une leçon ou pour vous punir. Il est préférable d'accepter le fait que certaines choses nous arrivent ou atteignent ceux que nous aimons sans raison. Certaines choses, y compris les tragédies, se produisent tout bonnement. Vous pouvez vous fier au monde qui vous entoure. L'une des autres choses sur lesquelles vous pouvez aussi vous fier est la perte et le deuil.

«Qu'est-ce que j'ai fait de mal? Est-ce une punition?»

Ce sont les questions que j'entends le plus fréquemment. Ce sont en outre des questions auxquelles il est parfaitement impossible de répondre autre chose que «non». Les tragédies affectent les mauvaises *et* les bonnes gens. La perte et le deuil ne nous affligent pas à dessein. Ils se produisent parce que nous vivons dans un monde mortel et imparfait.

Pour grandir dans votre perte, vous devez apprendre que la perte ne diminue pas la vie.

Soyez responsable de votre propre processus de deuil

Plusieurs personnes qui ont réussi ont adopté le leitmotiv suivant:

Si ça doit arriver, ça dépend de moi.

Voilà un leitmotiv qui convient à merveille à la guérison du deuil!

Personne ne peut prendre le deuil à votre place. Personne d'autre ne peut décider à votre place, ressentir ce que vous éprouvez, ou verser pour vous les larmes essentielles au rétablissement d'une perte majeure. C'est l'une des raisons pour lesquelles il est tellement important de ne pas considérer votre deuil comme une maladie dont vous devez guérir, mais comme un travail ardu qu'il vous faut accomplir.

En état de dépression, vous aurez bien du mal à demeurer responsable de votre convalescence. Quand la fatigue domine votre tristesse, quand les choses qui vous réjouissent d'habitude ne vous émeuvent plus, il est très difficile de vous sentir responsable de quoi que ce soit.

La dépression peut devenir si intense que vous devrez prendre une médication. Si elle se prolonge, vous aurez peut-être besoin d'être hospitalisé. Même alors, c'est à vous que revient la décision de sortir de la dépression.

La dépression est une manière de prendre congé du travail du deuil. C'est comme enlever un poids suspendu au-dessus de votre tête. Vous pouvez peut-être le soulever une fois, deux fois, ou même dix fois, vient un moment où le poids pèse trop et où vos muscles deviennent trop fatigués pour soulever, ne serait-ce qu'une seule autre fois, ce fardeau. À ce moment-là, vous n'avez pas le choix: vous devez reposer vos bras avant d'essayer de lever le poids une autre fois.

Vous devez apprendre à reconnaître le moment où vous avez besoin de vous détendre et d'échapper au travail du deuil.

Il importe aussi que vous ne quittiez pas trop tôt le travail du deuil. Si vous prenez congé, vous devez préparer votre retour.

Durant tout le travail du deuil, vous devrez faire de votre mieux pour maintenir votre responsabilité personnelle en regard du deuil que vous devez mener à terme.

N'ayez pas peur de demander de l'aide

Quand vous demandez de l'aide, vous ne renoncez pas à votre responsabilité vis-à-vis du deuil. Vous admettez qu'en tentant de vous soulever de terre par les lacets de vos chaussures, vous risquez de casser vos lacets et de vous donner une hernie: vous ne réussiriez pas à quitter le sol!

Rappelez-vous de l'un des points importants par rapport à la guérison: le deuil efficace exige du soutien. Vous avez besoin des autres quand vous essayez de trouver une issue à la tristesse et à la dépression qui suivent une perte majeure.

La partie la plus utile de notre programme de soutien sur le deuil n'est pas la rencontre hebdomadaire à mon bureau, mais le support mutuel que s'apportent les membres entre les séances. Nous publions une liste des participants. Le nom des hommes et des femmes de la liste qui veulent et qui peuvent apporter leur aide en période de crise est suivi d'un astérisque. Les autres membres du groupe les appellent souvent.

L'assurance que procure le fait de savoir qu'il y a quelqu'un de disponible, quelqu'un qui connaît et comprend le deuil, fait fonctionner le programme. Parfois les gestes les plus simples sont ceux qui comptent le plus. Deux de nos veuves âgées trouvaient que l'heure du souper était le moment le plus solitaire de leur journée. Ni l'une ni l'autre ne mangeaient convenablement ou régulièrement.

L'une des deux femmes conduisait un peu, l'autre, pas du tout. En traçant un itinéraire pour les tenir à l'écart des rues où la circulation est plus dense, j'ai pu m'arranger pour que la première passe chercher la seconde régulièrement et qu'elles aillent manger dans une cafétéria locale. En moins de deux semaines, j'ai remarqué une amélioration au niveau de leur énergie et de leur apparence.

Vous ne devriez pas craindre de demander de l'aide, mais il est important que la personne à qui vous demandez comprenne le processus de guérison du deuil. Le meilleur soutien viendra de ceux qui traversent leur propre épreuve. Dans chaque municipalité, vous pouvez trouver des gens comme ceux-là.

J'ai donné une conférence à l'église d'une petite localité située à plusieurs centaines de kilomètres de chez moi. Le dimanche précédent, le pasteur avait annoncé qu'il me ferait plaisir de rencontrer toute personne qui a déjà vécu l'expérience du deuil. Un bon dix pour cent des gens se sont présentés à la rencontre.

Des situations comme celle-là m'ont appris que le deuil et la perte sont des expériences universelles. Si on leur donne la chance de partager et l'assurance d'une atmosphère d'ouverture et d'acceptation, nombreuses sont les personnes qui viendront.

Si vous cherchez d'autres personnes qui sont aussi avides que vous de traverser leur épreuve et leur deuil, vous n'aurez aucun mal à en trouver. Si vous pouvez en plus trouver un chef, quelqu'un dont la formation inclut le deuil et l'épreuve, vous avez une chance extraordinaire. Si vous ne le pouvez pas, rassemblez un groupe et laissez-vous guider par ce livre. L'annexe C vous indiquera comment former un groupe de soutien et diriger les douze premières rencontres.

Ne vous pressez pas

Je ne suis pas reconnu pour ma patience. L'une de mes amies, une veuve de 80 ans qui m'a «adopté» après la mort de son mari, m'appelle «le révérend bombe à retardement». La justesse de ce surnom me fait grimacer. J'ai toujours cru que le meilleur moment pour faire quoi que ce soit s'était présenté la veille. Je marche vite, je parle vite et je mange vite, au grand dam de ma femme! Je vis à toute allure, et je ne voudrais pas qu'il en soit autrement.

Ce que j'ai trouvé le plus difficile en écrivant ce livre, c'est qu'il n'y avait pas moyen d'avancer plus vite. J'ai beaucoup de sympathie pour ceux qui ont du mal à exercer leur patience avec le deuil. Pourtant, avec toute la compassion dont je suis capable, je peux vous dire:

On ne doit pas bousculer le travail du deuil.

Vous mettrez deux ou trois ans à surmonter un décès ou un divorce. Il n'y a pas moyen de faire autrement!

Irène travaillait aussi fort qu'elle le pouvait pour traverser l'épreuve de la mort de son mari. «Bob, je n'ai pas l'intention de me laisser posséder par mon deuil», me disait-elle peu après sa mort. «J'ai bien l'intention de m'y attaquer de toutes mes forces et d'aller chercher l'aide dont j'aurai besoin. Peut-être bien que les autres mettent deux ou trois ans, mais pas moi!»

Et elle a fait face à son deuil. Irène n'a jamais tenté d'en éviter une partie, ou d'ignorer l'un des sentiments qui naissent dans son sillage. Elle pouvait pleurer ouvertement. Elle s'est dévouée corps et âme pour les autres membres du groupe de soutien. Elle a demandé l'aide de l'un des meilleurs psychologues de notre ville. Je n'arrive vraiment pas à trouver une seule chose qu'Irène n'ait pas faite.

Quoi qu'il en soit, elle n'a complété sa guérison qu'après deux ans et neuf mois.

On ne peut tout simplement pas brusquer le processus. Cela prendra plus de temps que vous ne pensez pouvoir en supporter, mais vous êtes capable et vous y arriverez.

Certains de vos amis et des membres de votre famille vous décevront en cours de route. En fait, *déception* est un terme poli pour parler de *destruction*. Le deuil effraie autant ceux qui ne sont pas endeuillés que les gens qui en sont affligés. Surmonter le deuil et recouvrer son équilibre exigent de la patience — beaucoup de patience — vis-à-vis de vous-même d'abord, et vis-à-vis des autres ensuite.

Autres choses à faire

Après avoir complété le questionnaire du début de ce chapitre, partagez-le avec au moins deux autres personnes.

Inscrivez chacune des quatre déclarations du bas de la page sur une fiche de 7,5 cm x 12,5 cm.

Chaque jour, concentrez-vous sur l'une d'elles.

Au dos de la fiche, notez ce que vous pensez que cette affirmation signifie par rapport à votre expérience personnelle du deuil.

Partagez ce point de vue avec quatre personnes différentes.

Voici ces réflexions:

Je crois que mon deuil a une raison et une fin.

Je serai responsable de mon propre processus de deuil.

Je ne craindrai pas de demander de l'aide.

Je n'essaierai pas de brusquer ma guérison.

CHAPITRE 8

Grandir à travers l'épreuve

L'un des grands tests de la vie

Nous savons tous que le deuil parle de la perte. Mais nous devons savoir que le deuil parle aussi de la croissance.

Après un divorce ou toute perte majeure, vous ne vous sentirez pas toujours comme pendant les quelques premières semaines ou les quelques premiers mois. Vous pourrez penser que votre tristesse et le vide qui vous accable dureront toujours. Vous pourrez penser que vous ne sourirez plus jamais. La tristesse s'estompera, et le rire vous reviendra.

Si vous y travaillez, le processus de deuil peut devenir une période de croissance. Vous pourrez reprendre le cours de votre vie. L'issue du deuil n'est pas une belle remontée rectiligne. Les hauts et les bas jalonnent ce sentier.

Vous devez savoir que certains des bas se produisent après plusieurs mois, ou même après plus d'un an.

Encore une fois, si vous savez à quoi vous attendre, vous pouvez éviter d'être dur à votre égard. Vous n'avez pas besoin de tomber dans le piège de songer: «Je pense que je suis seul à ressentir ces émotions.»

Si vous êtes veuf ou divorcé, vous pourrez par exemple, six mois après votre perte, atteindre un stade où vous vous sentirez mieux. Vous commencerez à fonctionner plus normalement: vous dormirez mieux, vous mangerez plus régulièrement et vous arriverez à accomplir les tâches routinières comme vous le faisiez avant. Les jours s'écouleront relativement bien. Et puis quelque chose vous *terrassera*: vous pourrez entendre une chanson qui vous est familière à la radio ou bien voir une personne qui marche sur la rue et ressemble beaucoup à votre conjoint décédé. Vous apprendrez peut-être que votre ex-conjoint s'apprête à se remarier. Peu importe ce qui se passera, vous aurez l'impression que le ciel vous tombe sur la tête.

Quand cela se produit, vous pensez souvent que vous glissez, que vous reprenez tout votre deuil depuis le début. Ce n'est pas exact. Vous en êtes précisément au stade prévu.

Plusieurs personnes vivent la même expérience. «Quand vous frappez un creux», disait une veuve, «vous savez quelle distance vous avez parcourue.» Vous devez voir ces bouleversements comme des bornes installées sur le chemin de la guérison et comme des signes de croissance personnelle. Ce ne sont pas des reculs, ce sont des indices de progression. Et ils se reproduiront.

Depuis plusieurs années, j'anime des groupes de soutien sur le deuil. Certaines personnes viennent pour la première fois aux rencontres dix-huit mois après la mort d'un conjoint, parce que, et je les cite: «Je pensais que j'allais tellement bien jusqu'au jour où j'ai senti que tout recommençait.»

Quand quelque chose comme cela arrive, rappelez-vous que le mot «deuil» n'est pas un vilain mot. Il ne représente pas des émotions que vous ne devriez pas ressentir. Émotionnellement, vous n'avez pas à vous trouver à un endroit précis à un moment donné.

Les bouleversements émotionnels inévitables signalent à coup sûr que vous allez bien. Si vous continuez de travailler votre deuil, vous vous sentirez plus fort qu'avant votre épreuve.

L'un des exercices que vous trouverez plus loin vise à vous aider à constater qu'il est possible de gérer son deuil. Il vous permet de personnaliser votre sens de la perte en écrivant une lettre qui commence par: «Cher deuil». Quand vous écrivez, notez ce que vous voudriez dire à votre deuil si vous pouviez lui faire face.

L'exercice se poursuit avec une deuxième lettre, 24 heures plus tard. Cette seconde lettre vient du deuil et vous est adressée. Elle décrit ce que vous pensez que votre deuil essaie de vous dire.

J'ai vu commencer guérison et croissance avec la simple rédaction de cette lettre. Quatre mois après la mort de son mari, Irène a écrit ce qui suit:

Cher deuil,

Tu es un vaurien. Tu prends mon énergie, ma capacité d'organisation, mon cerveau et tu en fais des choses étranges. Je me préparais à un deuil immédiat et à ressentir la perte de mon mari pendant très très longtemps. Je ne m'attendais pas à la paresse, au manque d'énergie ni au stress.

Tout cela m'impatiente. Tu nous prends tellement quand nous avons besoin de mieux fonctionner. Je ne comprends pas pourquoi.

Je dois avouer que tu as aussi fait des bonnes choses pour moi. Je suis devenue plus compatissante, plus com-

préhensive et plus tolérante. Tu m'as montré de nouvelles façons d'être utile et Dieu me montrera la manière de faire. Peut-être, quand j'aurai pris le temps de réfléchir au passé, que je pourrai penser à toi autrement, mais pour l'instant je ne peux pas dire que tu es l'un de mes grands amis. Je suis cependant devenue meilleure à cause de toi, et je ne dois pas l'oublier.

À toi,

Irène.

Le lendemain, elle a rédigé la réponse que lui adresserait le deuil.

Chère Irène,

Je suis désolé de t'avoir causé tant de chagrin. Rappelle-toi ce que le prêtre a dit lors des funérailles: «Le deuil est la plus noble de toutes les émotions.» Vis-le donc comme il te vient. Qu'il prenne le temps dont il a besoin. Je sais que tu travailles fort pour surmonter cette période de ta vie, et je t'en félicite. Mais je veux aussi te dire: «Laisse Dieu et le temps faire leur oeuvre.» Confie ton deuil à Dieu. Je te suggère de lire les versets de la Bible qui parlent de la mort. Souviens-toi: il y a une bombe d'espoir dans la Bible, et elle attend pour exploser. J'anticipe ta fébrilité à mesure que tu fouilleras les Écritures. Tu t'étonneras vraiment de ce que tu trouveras.

Commence à te servir de ton temps de façon plus sage. Dors plus longtemps une ou deux fois par semaine. Tu iras bien. Bientôt, ton énergie reviendra. Il se peut même que tu réussisses à perdre les kilos en trop que tu essaies de perdre depuis quelque temps. En temps et lieu, tu te sentiras plus légère. Tu marcheras plus légèrement, tu t'assoiras plus légèrement, tu te sentiras bien.

Je suis ton ami. Je fais partie de la vie. Mon existence a une raison. Tu verras.

À toi,

Deuil.

L'attitude d'Irène face à son deuil était la clé de son retour à une vie pleine et productive. Elle est redevenue une personne qui a envie de vivre et dont l'énergie pétille. Elle est positive, ouverte, et en bonne santé. Irène a réussi à maîtriser une perte terrible. Elle a aussi beaucoup aidé des dizaines d'autres personnes qui traversaient une période de crise semblable.

«Il faut que je te dise», me confiait Irène un dimanche après le service, en me prenant le bras; «je n'ai plus mal. Je peux me souvenir des bons moments de notre vie sans que la peine de les avoir perdus ne vienne oblitérer mon plaisir. Je suis maintenant prête à vivre à fond le reste de mes jours.»

La lueur qui brillait à ce moment-là dans les yeux d'Irène reste l'un de mes plus beaux souvenirs. Cela restera une source d'espoir quand ma prochaine expérience de deuil surviendra.

Le deuil parle toujours de la perte. Les gens comme Irène m'ont appris qu'il parle aussi de croissance et de victoire. Le genre de croissance qu'a connue Irène reste toujours possible pour vous.

J'ai commencé à relier le deuil et la croissance quand j'ai commencé à rencontrer régulièrement des groupes de personnes endeuillées. Tandis qu'elles parlaient des différentes facettes de leur deuil, j'ai senti l'incroyable intensité de la tristesse qui accompagnait leurs pertes.

Mais il y a plus: en période de stress, j'ai vu ces gens rire ensemble en pensant à leurs trous de mémoire. J'ai vu se développer de nouveaux talents, j'ai vu la compassion passer d'une personne à l'autre. «Je ne savais pas que quelqu'un d'autre pouvait faire cela!» est devenu la phrase que l'on entend le plus souvent chaque semaine.

L'une des veuves est retournée à l'école et exerce maintenant la profession qu'elle a toujours voulu pratiquer et qu'elle avait mise de côté plusieurs années pour rester à la maison avec son mari.

Un homme qui, de son propre aveu, «ne pouvait même pas faire bouillir de l'eau» a suivi, après la mort de sa femme, des cours de cuisine au collège local. Il prépare maintenant des repas gastronomiques pour ses amis.

Plusieurs personnes ont appris qu'elles pouvaient accomplir des choses qu'elles n'auraient jamais crues possibles avant le décès de leur conjoint. Dans le groupe, tout le monde pensait que la vie les avait mis à l'épreuve et que chacun d'entre eux avait triomphé.

Grandir dans le deuil veut dire:

La croissance entraîne un nouvel amour et un nouveau respect de la vie.

La croissance opère un déplacement de votre attention depuis les choses ordinaires de la vie vers les éléments plus importants.

La croissance, c'est une conscience plus grande de nos besoins mutuels, et un sens accru de la dimension sacrée de la vie.

Je n'ai jamais vu une telle croissance survenir dans d'autres circonstances, même après un gain à la loterie ou un succès dans les affaires. Pourtant, je l'ai rencontrée chaque semaine chez les gens qui traversent l'épreuve et le deuil.

Cela ne signifie pas qu'il faut apprécier le deuil. Personne ne veut sentir le vide et la désolation horribles qui accompagnent toute perte majeure. Pourtant, nous devons comprendre que le sentiment de deuil ne nous fera pas de mal si nous l'affrontons et si nous travaillons d'arrache-pied. Le travail du deuil peut aussi servir à votre croissance. Les profondeurs inouïes du deuil vous déchirent certes, mais elles peuvent également devenir créatrices.

Quand notre premier petit-enfant est né, notre belle-fille et notre fils ont choisi de lui donner naissance par accouchement naturel. Ils ont assisté aux cours prénatals ensemble et, quand est venu le temps de la naissance, ils se trouvaient tous deux dans la salle d'accouchement. Avec les autres grands-parents impatients, nous attendions à l'extérieur de la salle. Quelques minutes après la naissance de notre petite-fille, nous avons rendu visite à la mère et au bébé.

«Je n'accoucherai plus jamais comme ça», s'est écriée notre belle-fille; «ça fait trop mal!» Une heure plus tard, le souvenir de la douleur faisait désormais partie de l'expérience de la nativité. Dès le lendemain, elle savait qu'elle avait rencontré et conquis la douleur. Depuis ce temps, ils ont eu deux autres enfants de la même manière. Voilà ce qu'est la *douleur créatrice.*

La douleur du deuil peut aussi s'avérer créatrice. Elle est intense et dure longtemps, mais elle n'est pas permanente. Elle s'en va. Non seulement s'en va-t-elle, mais encore peut-elle aider à créer une vie nouvelle.

La personne qui est la plus à même d'aider un nouveau veuf est un autre veuf. Quand Irène téléphone à un nouveau veuf de la paroisse, elle a quelque chose de plus que moi à lui offrir. Sa présence, en tant que survivante et gagnante d'une telle expérience, dit aux autres que l'espoir existe. Je peux *affirmer* qu'il y a de l'espoir. Irène, elle, l'a vécu; elle le sait.

Nombre de fois, j'ai vu une veuve prévoir le jour et l'heure où une autre veuve avait besoin de recevoir un coup de téléphone et un mot d'encouragement. Il ne s'agit pas d'une coïncidence. Une fois que vous êtes passé par là, vous savez ce qui se passe, quand ça se passe, et ce que l'on doit faire.

De la même manière, personne ne peut mieux écouter un divorcé qu'un individu qui est passé par là et qui a survécu.

«*Je sais comment tu te sens*»; ces mots-là peuvent autant réconforter que ressembler à des ongles qui glissent le long d'un tableau noir. Tout dépend de ce que la personne qui les énonce a ou non l'expérience de la perte. Ces mots-là demandent de comprendre que personne ne sait vraiment ce qu'une autre personne ressent, surtout quand il s'agit de quelque chose d'aussi chargé émotionnellement qu'une perte majeure.

Il y a quelques années, quand l'industrie aérospatiale a subi l'une de ses nombreuses compressions, plusieurs hommes de notre paroisse ont perdu leur emploi. Ces hommes-là étaient ingénieurs et techniciens de laboratoire; c'étaient des hommes bien éduqués, talentueux. Le chômage était bien la dernière chose qu'ils avaient en tête jusqu'à ce que la mise à pied se produise.

Un très astucieux homme d'affaires est venu en aide à bon nombre d'entre eux. Il les a rassemblés sous le chapiteau d'un groupe de soutien et de partage. Là, ils pouvaient parler sans contrainte de leurs sentiments; ils pouvaient dire à quel point ils se sentaient mal d'avoir été mis à pied et à quel point leur amour-propre hurlait de douleur. Là, ils n'avaient pas à se montrer forts les uns avec les autres comme ils croyaient devoir le faire à la maison et à l'église. À mesure qu'ils trouvaient du travail dans un nouveau domaine, ils s'encourageaient et s'acceptaient comme ils étaient. Environ deux ans après sa formation, le groupe s'est démantelé parce qu'il n'était plus nécessaire.

Ces hommes ont connu le deuil après avoir perdu leur emploi, leurs rêves et leur amour-propre. Personne ne pouvait les aider mieux qu'ils ne pouvaient le faire eux-mêmes.

Dans les pertes les plus dévastatrices de la vie, vous pouvez aussi décider de grandir! Au beau milieu d'une perte qui transforme votre vie, vous devez comprendre qu'une partie importante de la croissance du deuil est justement que vous contrôliez toujours votre destinée. Vous ne pouvez peut-être pas choisir toutes les circonstances de votre existence, mais vous pouvez toujours choisir les réponses à ce qui vous arrive.

Je vous recommande de commencer maintenant.

Quelles pertes avez-vous subies récemment? Repensez aux deux dernières années.

Quand avez-vous connu des périodes de tristesse?

Qu'arrivait-il durant ces périodes?

Dressez l'inventaire de vos pertes. Lisez-cette liste à voix haute.

Quels sentiments éprouvez-vous quand vous vous entendez énumérer vos pertes?

Écrivez les noms des sentiments qui vous semblent les plus forts. Pour vous aider, l'annexe A vous donne une liste de sentiments.

Que s'est-il passé quand il vous a semblé que les autres vous critiquaient ou se montraient indifférents à votre endroit?

Avez-vous été malade?

Est-ce que vos relations familiales sont plus tendues qu'à l'accoutumée?

Toutes ces choses peuvent indiquer qu'il y a dans votre vie un deuil irrésolu. Chacune d'elles est une occasion de perte. *Vous* pouvez en faire des occasions de croissance.

Pour atteindre le bonheur que vous souhaitez, prêtez attention à vos pertes et commencez le travail du deuil. Vous avez besoin de temps pour apprendre à connaître le processus et vous aurez besoin de toute votre vie pour le mettre en pratique.

Heureusement, nous avons toute notre vie pour accomplir cette tâche.

CHAPITRE 9

Un concours d'endurance

Revivre après une épreuve prend du temps

Parmi tous les défis que vous relevez durant le travail du deuil, rien n'est plus exigeant que l'endurance dont vous avez besoin.

Si votre conjoint ou votre enfant est mort, vous ne supportez pas de penser qu'il vous faudra plus de trois ans pour vous remettre de cette perte. Pourtant, la guérison prend rarement moins de temps; par contre, elle en prend souvent beaucoup plus.

Aucun divorcé ne veut penser qu'il mettra plus de deux ans à se remettre de cet amour perdu. Mais c'est le temps nécessaire si vous travaillez fort et si vous êtes chanceux. Quand les gens déménagent dans une autre province, ils mettent de deux à quatre ans à s'adapter à leur nouvel environnement.

Après une épreuve majeure, la durée du deuil est considérablement plus longue que vous vous y attendez. Pour réussir à en supporter la durée, vous devez croire que ce que vous en retirerez en vaudra la peine. Vous devez aussi savoir qu'il ne sert à rien de brusquer le processus. Au contraire, cette tentative ne fera qu'*allonger* la durée du deuil; vous mettrez plus de temps encore à retrouver votre équilibre.

Le deuil est lourd à porter

La fatigue est l'un des symptômes les plus fréquents chez les gens en deuil. Le deuil est lourd à porter. Ce poids est fatigant. Les gens me disent qu'ils sont constamment fatigués durant les trois ou six premiers mois après un décès ou un divorce.

Quand Richard a fait faillite à cause d'un associé malhonnête, il a passé une bonne semaine au lit, trop fatigué pour prendre son bain ou pour s'habiller.

Si vous vous sentez tellement fatigué après une épreuve majeure que tout mouvement vous coûte un effort énorme, vous réagissez tout à fait normalement. Le fardeau est lourd et vous devez posséder une adresse incroyable pour le porter.

La dépression que vous pouvez ressentir fait partie de la fatigue occasionnée par l'importance de votre perte. Le deuil augmente aussi le stress dans votre vie. Vous ne mangez probablement pas comme vous le devriez. Vous avez tendance à vous déshydrater. Vous ne faites pas suffisamment d'exercices. Vous avez du mal à dormir ou à rester éveillé. Tous ces facteurs contribuent à votre fatigue.

L'épuisement fait partie de la guérison du deuil. Vous pouvez vouloir ajouter cet élément à la liste déjà imposante d'aide-mémoire que vous laissez bien à la vue dans votre maison. Si vous croyez que vous portez le monde entier sur vos épaules, vous traversez une épreuve que connaissent la plupart des gens après une perte. Même si vous savez cela, votre poids n'en est pas plus léger, mais il est moins difficile à porter parce que vous vous inquiétez moins ou que vous vous sentez moins coupable.

La guérison du deuil vous demande un dur labeur combiné à une énorme dose de patience et d'endurance. Peu importe comment vous appelez votre périple à travers le deuil, vous pouvez toujours vous dire qu'il s'agit d'un concours d'endurance.

La santé physique

Après une perte majeure, les risques pour votre santé augmentent beaucoup. Plusieurs études ont montré que vous êtes plus susceptible qu'à tout autre moment de faire un arrêt cardiaque ou de devenir victime du cancer après le décès d'un être cher. Une étude à long terme a démontré que le taux de mortalité chez les veufs et les veuves est *de deux à dix-sept fois plus élevé* dans l'année qui suit la mort du conjoint.

Le risque relatif aux autres maladies s'accroît aussi; parmi ces pathologies, citons la haute pression, les problèmes cutanés, l'arthrite, le diabète et les problèmes de thyroïde.

À cause du stress émotionnel qu'entraîne le deuil, vous êtes aussi sujet aux migraines, à la dépression, à l'alcoolisme et à l'abus de médicaments, au mal de dos et aux problèmes sanguins.

La bonne nouvelle, c'est que votre réaction à l'épreuve et au deuil n'échappe pas à votre contrôle. Vous pouvez prendre des mesures pour protéger votre santé. Avec ses conseils et ses nombreux exercices, cet ouvrage peut vous aider.

Le travail du deuil ressemble un peu aux exercices pour retrouver la forme physique. Ceux qui lèvent des poids et haltères ne peuvent pas commencer leur entraînement avec le poids maximum qu'ils espèrent un jour soulever. Petit à petit, ils doivent travailler à atteindre ce but.

Ainsi, vous n'entreprenez pas le travail du deuil comme vous réussirez à le faire plus tard. Vous acquérez une bonne *forme de deuil* peu à peu. Et cela ne se fait pas tout seul. Mais c'est la manière de retrouver votre équilibre après une perte majeure.

Inlassablement, vous avez besoin de vous répéter: «*Je ne me sentirai pas toujours comme en ce moment.*» Vous devez vous montrer patient, autant avec vous-même qu'avec les autres. Vous devez vous rappeler que parfois vous vous sentez plus mal avant de vous sentir mieux.

Durant la première et la deuxième années, il n'est pas rare que les gens pensent que le travail est fini. Et puis quelque chose se produit qui vous ramène tout droit dans les profondeurs de l'angoisse.

Les souvenirs constants dominent l'année qui suit un décès ou un divorce. Chaque semaine vous amène sa ration de choses qui vous arrivent *pour la première fois sans l'être aimé*. La première fête, le premier anniversaire, le premier Noël et toutes les autres occasions spéciales sont souvent très douloureux.

Vous pouvez en venir à compter chaque nuit de solitude supplémentaire, ou chaque repas de plus en face d'une chaise vide. Vous trouverez peut-être du réconfort à savoir que l'année qui suit une perte majeure ne sera pas l'une des meilleures de votre vie. Mais cette année-là n'a pas à devenir l'une des pires non plus. Le deuil a sa raison et son sens. Vous pouvez attendre la fin de l'année pour savoir que vous avez progressé de façon étonnante tout simplement parce que vous avez survécu.

L'anniversaire d'une perte majeure peut ressembler en ce sens à un jour de graduation. «Je ne pensais pas que je pouvais y arriver, mais j'ai réussi», me disent les gens. Et je vois qu'une nouvelle étincelle s'est allumée dans leurs yeux. Ils ont subi le pire et ils ont survécu. Vous aussi pouvez réussir.

L'année solitaire

La seconde année de deuil vous demande plus de patience à votre endroit qu'à celui de n'importe qui. Après la première année, vous pouvez penser que votre vie reprendra son cours normal. Cela ne se produit pas. Bien des personnes en deuil appellent la deuxième année *la solitaire*. Elles disent que le fait de survivre à la première année prouve que vous réussirez. La deuxième année vous montre à quel point votre existence sera solitaire sans la présence de la personne que vous avez perdue.

Vous pouvez croire que tout recommence encore une fois. Ce n'est pas le cas. C'est plutôt le moment de vous joindre à un groupe de soutien ou d'y revenir, si vous aviez cessé d'y aller.

Une fois passée la crise de la seconde année, vous pouvez recommencer à organiser votre vie après l'épreuve. Cela ne signifie pas que le deuil a pris fin; cela veut dire que vous avez développé assez d'aptitudes pour prendre votre deuil en main.

Avec le temps et avec beaucoup de travail, les bons jours surpassent les mauvais. À la fin de la troisième année, la peine que vous cause votre perte aura diminué au point de vous sembler enfin contrôlable.

La confiance et la fierté qui en émergent constituent peut-être la plus importante croissance de toute la guérison du deuil. Vous avez subi la pire de toutes les expériences et vous en êtes sorti vainqueur. Vous êtes maintenant une personne différente, une personne plus forte et meilleure que vous ne l'étiez avant votre perte.

CHAPITRE 10

Religion: rôle et abus

Les croyances qui aident et celles qui nuisent

«J'ai perdu foi en Dieu quand j'ai fait ma fausse-couche.»

«Ma foi reste ce qui m'aide le plus à si bien surmonter mon deuil.»

«Pourquoi Dieu m'a-t-il enlevé mon mari?»

Ces déclarations viennent de gens qui ont subi une perte majeure. Elles reflètent le grand écart entre les pensées que nous entretenons à propos du deuil et de la religion quand la vie s'écroule autour de nous.

Peu après notre mariage, le petit frère de ma femme, âgé de six ans, est mort dans un accident. Cette fin de semaine-là, nous étions partis camper. Quand nous sommes revenus, un voisin nous attendait pour nous faire part de la tragique nouvelle. Tandis que le choc et l'incrédulité nous gagnaient, nous nous sommes écriés: «Oh! mon Dieu, faites que ça ne soit pas vrai!»

Peu importait le fait que nous n'étions ni l'un ni l'autre des gens religieux ou que nous n'avions fréquenté l'église que quelques fois dans notre vie. Sur le moment, la tragédie nous frappait et le mot «Dieu» était le seul qui nous venait tout de suite à l'esprit.

Durant les mois qui ont suivi, nous avons rendu Dieu responsable de la mort de Ronnie. Nous nous sommes promis de ne plus jamais autant aimer quelqu'un parce que Dieu se montrait si cruel à l'endroit de ceux que nous aimions. Nous affirmions qu'il n'y avait plus de Dieu. Pourtant, comme la plupart des gens, et sans égard pour notre position antérieure par rapport à la religion, au moment où nous affrontions le mort et le deuil, Dieu occupait le centre de nos pensées et de nos conversations.

La religion qui aide et celle qui nuit

En période de perte majeure, la foi religieuse présente deux dimensions fort éloignées l'une de l'autre. La religion peut être très utile. Elle peut aussi faire très mal.

Vos croyances religieuses peuvent vous fournir des réponses puissantes durant les diverses étapes de la guérison du deuil. L'écrasante solitude peut devenir tolérable si vous croyez que Dieu est près de vous et qu'il comprend vos sentiments. Le soutien de l'Église et la prière peuvent vous aider à surmonter votre désespoir. Croire en une vie après la mort peut empêcher votre deuil sain de se transformer en désespoir malsain.

Le docteur Howard Clinebell, une autorité de renom en matière de deuil et de perte, dit que la foi religieuse et le soutien de la paroisse ont le pouvoir de transformer nos *misérables moins* en *plus positifs*. Dans son livre, intitulé *Living Through Personal Crisis*, Ann Kaiser

Stearns déclare que «la foi est une énergie puissante quand elle représente la conviction qu'avec du travail vous pouvez surmonter votre tristesse[1]».

Mais votre foi religieuse peut aussi entraver votre guérison. Si, parce que vous êtes croyant, vous croyez que le deuil vous sera plus facile que pour les non-croyants, votre foi vous empêche de guérir.

Autrement dit, si vos amis de l'Église s'imaginent que les croyants mettent de deux jours à deux semaines pour guérir du deuil, ils risquent de vous nuire plus que de vous réconforter. Les prêtres, les rabbins et les ministres du culte qui ne comprennent pas le processus du deuil sain peuvent bien plus vous faire du tort que vous apporter leur aide. Les conseillers et les prêtres peuvent également avoir du mal à traiter les expériences de perte comme les avortements, la violence sexuelle et la maladie mentale.

Les traditions religieuses qui affirment que les larmes, la colère et l'incapacité de fonctionner normalement signalent le manque de foi ne font qu'ajouter à votre confusion et à votre culpabilité.

C'est triste à dire, mais certaines églises deviennent malveillantes quand un divorce se produit parmi leurs membres. Si vous avez divorcé, vous savez que le rejet est bien la dernière chose dont vous avez besoin de la part de votre communauté religieuse durant cette période particulièrement difficile.

C'est dans un grave état d'anxiété que Rose est venue la première fois à une rencontre de notre groupe de soutien pour personnes seules. Elle avait appartenu à une petite secte religieuse dont elle avait été expulsée parce qu'elle avait demandé le divorce. Son mari l'avait violentée depuis des années. Finalement, Rose avait demandé conseil à son pasteur. Ce dernier lui avait

1. Ann Kaiser Stearns, *Living Through Personal Crisis*, New York, Ballantine, 1984.

déclaré que ses souffrances exprimaient la volonté de Dieu et qu'elle ferait un bien gros péché si elle demandait le divorce. Après cette conversation, elle a subi encore deux années de violence avant de surmonter la culpabilité qu'elle ressentait et de se libérer de son mari et de son Église.

N'interprétez pas mal ce que je vous dis. Je n'affirme pas que la foi religieuse ne peut pas vous aider ou que les communautés religieuses causent toujours des problèmes à ceux qui subissent des épreuves. La religion peut vous aider énormément. Votre paroisse aussi. Mais cette assistance ne survient pas toujours aussi automatiquement que vous ne seriez porté à le croire.

Pour éviter les désillusions, vous devez savoir que la foi ne vous épargne pas le deuil: vous devez suivre le même chemin que les autres. Vous devez aussi comprendre que les gens de votre communauté religieuse, y compris le clergé, sont humains, tout comme vous. Ils peuvent comprendre ou non la profondeur de votre perte et la douleur de votre deuil.

Une veuve de ma connaissance a repris la pratique du culte après la mort de son mari. En entendant les hymnes et les prières, elle ne pouvait pas retenir ses larmes. Au beau milieu du sermon, elle s'est levée et a quitté, tremblante et pleurant tout haut. L'un des marguilliers l'a rejointe à la porte et l'a réprimandée: «Un peu de retenue, ma chère. *Les larmes et la foi ne vont pas ensemble!*» Une pareille affirmation dénote une ignorance totale du deuil et de la perte. C'est aussi mensonge théologique. Si j'avais quelque influence que ce soit, on trouverait dans chaque église autant de boîtes de kleenex que de symboles de foi.

Le deuil et le croyant

Les croyants et les non-croyants connaissent le même deuil, et les étapes de celui-ci durent aussi longtemps. Le docteur Glen Davidson a remarqué que la foi ou l'absence de foi n'a pas d'influence ou si peu sur la durée du deuil. Tout le monde doit relever les mêmes défis. Tout le monde doit procéder à une recherche intérieure. Tout le monde se bat contre la peur, la colère et la culpabilité. Les croyants suivent absolument le même processus que les autres.

Vous ne subissez pas une perte parce que vous êtes méchant, que Dieu veut vous éprouver ou vous punir. «C'est la volonté de Dieu.» Voilà une affirmation bien vaine que vous entendrez. Quand meurt un être cher, vous pouvez être sûr qu'un ami bien intentionné viendra vous dire que «Dieu est venu le chercher». Les divorcés, quant à eux, «n'étaient pas destinés à vivre ensemble». Ceux qui s'efforcent de s'adapter à un nouvel environnement se font dire que Dieu «avait ses raisons». Les déclarations de ce genre vous offrent un réconfort de bien courte durée. À long terme, ces mots-là retardent le voyage qui vous ramène à la plénitude au lieu de vous aider durant votre traversée.

Si vous croyez que Dieu a choisi délibérément de *prendre* votre conjoint, vos enfants ou votre parent, vous aurez du mal à faire votre deuil ouvertement. Si vous pensez que Dieu a voulu la faillite de votre entreprise ou la fin de votre mariage, vous ne permettez pas à des sentiments importants comme la colère et l'amertume de faire surface. Quand vous gardez des sentiments d'envergure comme ceux-là à l'intérieur de vous, vous risquez de vous créer des problèmes émotionnels et physiques.

La foi qui fait mal

Quand notre fille finissait à l'école secondaire, nous vivions dans une petite ville. La communauté parrainait le programme athlétique scolaire. Entre les étudiants, les parents et les professeurs régnait une bonne cohésion.

Notre fille, comme six autres, chantait aux parties de football et aux cérémonies. Durant sa dernière année, l'une des autres filles s'est tuée dans un accident de voiture. Son ami conduisait l'automobile. Durant un moment d'inattention, il a perdu le contrôle, la voiture a capoté, projetant Joanne hors de l'auto et l'écrasant.

Les funérailles ont eu lieu au seul salon mortuaire de la ville. Il y avait plein de fleurs et l'endroit était bondé; on y retrouvait les étudiants, les parents et les piliers de la communauté. Tout le monde était sous le choc.

En arrivant, nous avons dépassé des petits groupes d'étudiants rassemblés qui pleuraient sans retenue et s'efforçaient de se consoler mutuellement. J'ai entendu nombre de fois les jeunes voix demander comment Dieu pouvait permettre une chose comme celle-là.

Quand le service a débuté, plus de deux cents paires d'yeux remplis de larmes fixaient avec espoir le jeune officiant qui présidait la cérémonie. Lorsqu'il a commencé son sermon, j'ai eu mal au coeur.

Il a déclaré à ces gens affligés que la mort de Joanne était en fait une bénédiction. Il a dit que Dieu se promenait dans le jardin du ciel à la recherche des plus belles fleurs. Joanne avait été choisie. Il a loué le jeune homme insouciant responsable de sa mort pour avoir eu tellement confiance en Jésus qu'il pouvait sourire et se réjouir parce que Joanne se trouvait maintenant au ciel.

Je voulais bondir et hurler: «non»! J'aurais probablement aggravé les choses si ma femme qui se contrôle plus que moi ne m'avait retenu. Elle a passé sa main sur mes jointures blanchies agrippées au siège devant moi, et m'a dit doucement: «Pas maintenant. Ce n'est pas le moment.» Elle avait raison. Peut-être que ce livre est le lieu et le moment appropriés.

Certains des jeunes gens ont dû quitter la place en pensant qu'ils feraient mieux de ne pas être trop bons pour ne pas se trouver sur la liste de Dieu. D'autres ont reçu le mot d'ordre d'enterrer leur deuil et leur colère là où ils prendraient de l'ampleur et blesseraient. Le jeune homme qui conduisait le véhicule a fait *«l'éloge de Dieu»* jusqu'au jour où il s'est effondré et où on a dû le soumettre à un traitement psychiatrique.

Cet événement reste pour moi l'exemple classique de l'abus que l'on peut faire de la religion en tant que ressource pour affronter le deuil.

La foi secourable

Voici un exemple tout aussi classique du bon usage de la religion:

Édouard et Lise étaient des personnes-ressources très actives dans la paroisse. Ils détenaient des positions clés qui les plaçaient bien en vue au sein de la communauté. Tout le monde les trouvait chaleureux et attentionnés. Quand Édouard et Lise ont demandé le divorce, personne n'en revenait.

Une partie de leur détresse venait de leur impression de trahir l'Église, leurs parents et leurs amis. Au début, ils se sont efforcés de rester aussi actifs dans la paroisse. La communauté était importante et l'Église offrait de nombreux services religieux le dimanche. Il leur semblait possible de travailler ensemble sans problèmes. Mais les choses ne devaient pas se dérouler de cette façon. Édouard a déménagé et il a joint les rangs d'une autre paroisse.

Durant leur divorce, ni Édouard ni Lise n'ont blâmé Dieu ou l'Église pour leur épreuve. Tandis qu'ils cherchaient dans leur tête et dans leur coeur, ils ont trouvé dans l'amour de Dieu et dans l'acceptation une source d'espoir. Les amis de l'Église se sont groupés autour d'eux avec le souci et la volonté de leur donner un soutien constant.

Après un certain temps, Édouard s'est remarié et est redevenu un leader dans sa nouvelle paroisse.

Non seulement Lise est-elle restée dans la paroisse, mais encore a-t-elle refusé de considérer de démissionner. Par le passé, Lise et Édouard s'étaient révélés des forces dirigeantes des camps familiaux et des programmes destinés aux couples. Elle est devenue organisatrice des groupes de soutien pour les personnes seules et s'occupe activement de l'école du dimanche. Même quand elle s'est remariée à son tour, son intérêt pour les programmes destinés aux personnes seules de la paroisse est resté le même. Elle a poussé la paroisse à ouvrir un poste régulier de coordonnatrice pour les activités des personnes seules et a mis sur pied un réseau d'entraide téléphonique pour les divorcés. La paroisse dispose maintenant de programmes sociaux pour les personnes seules; ces activités leur offrent une alternative à la solitude ou à la recherche de compagnons dans les bars pour célibataires de la ville.

L'expérience du deuil d'un couple s'est ainsi transformée en programme de soutien et de réconfort multidimensionnel pour les autres. La foi de Lise et d'Édouard a pu surpasser quelque chose d'aussi douloureux et embarrassant pour eux que le divorce. Sans porter de jugement, la communauté a pu participer à leur perte et à leur deuil.

Grâce à la foi religieuse, quelque chose de très bon peut émerger d'une perte, si dévastatrice soit-elle.

La religion et vous

En période d'épreuve majeure, la religion et la communauté religieuse peuvent vous fournir des ressources énormes.

Chez les croyants comme chez les non-croyants, la perte et le deuil font partie de l'existence. Nous sommes tous susceptibles d'éprouver la déception, la peine et la mort. Toute perte majeure déchire.

Vous chercherez l'espoir. Il vous permettra d'admettre que la vie ne sera plus jamais la même, malgré le fait que la vie, après la perte, peut être bonne et pleine. Les ressources de la foi religieuse peuvent vous pousser à chercher l'espoir. Si vous croyez que Dieu connaît les pertes humaines depuis longtemps, vous trouverez le courage d'essayer de nouveau quand vous serez tenté de tout quitter. Dans votre vie, vous pourrez accepter l'émergence de nouveaux lieux et de nouvelles étapes. Vous saurez qu'il vous arrivera de devoir prendre à nouveau le deuil et de gagner encore!

CHAPITRE 11

Découvertes

Commencer avec une perte, finir avec la vie

Qu'il est agréable de parler avec des gens qui ont surmonté le deuil! Ceux qui ont subi une perte majeure et qui s'en sont remis me font penser à des explorateurs ou à des aventuriers.

Vous êtes-vous déjà entretenu avec un alpiniste ou avec un parachutiste? Ceux qui ont fait la conquête du deuil ressemblent à ceux qui ont accompli des choses aussi excitantes et dangereuses. Ils ne vous parlent pas tant de leur perte que de leurs *découvertes*. Leur vie ne se limite pas au souvenir du passé, elle inclut aussi des projets d'avenir.

Si vous avez subi une épreuve majeure récemment, vous ne pouvez probablement pas vous imaginer penser à autre chose pour le reste de votre vie. Je suis persuadé que si vous faites ce que je vous recommande, vous découvrirez de nouvelles avenues, *et* vous aurez l'air d'un aventurier.

Ginette était une jeune femme mère d'un enfant de deux ans. Son mari est mort subitement après une chirurgie à coeur ouvert. Au cours des trois années qui ont suivi, Ginette a travaillé fort à son deuil. Elle a participé régulièrement à nos groupes de soutien sur le deuil. Elle a appris les techniques de réduction du stress et a demandé l'avis d'une diététicienne pour donner plus de force à son organisme. À chacune des étapes le long du chemin de la guérison, elle a refusé de prendre la sortie côté jardin. Au milieu de son propre combat, elle est devenue l'une de nos volontaires pour les visites aux gens nouvellement endeuillés.

En y repensant maintenant, Ginette vous dirait que l'expérience lui a appris qu'elle pouvait faire beaucoup plus qu'elle ne l'aurait cru avant la mort d'André. Sa famille affirme qu'elle est plus confiante. Elle s'est récemment acheté une montgolfière aux couleurs vives et cherche à obtenir son brevet de pilote, symbole de la nouvelle existence qu'elle a découverte après son épouvantable perte.

Ginette échangerait avec plaisir sa nouvelle vie contre celle de son mari. Mais elle ne peut pas le ramener. Alors Ginette a construit une bonne vie pour elle et pour sa fille. Elle continue de découvrir chaque jour de nouveaux espoirs.

Tandis que Ginette était déjà quelqu'un de très ouvert, Alice était tranquille et timide. Elle se contentait de s'occuper de son mari et de ses deux fils. Et puis, son mari a eu le cancer. Après sa mort, Alice a connu une période très sombre et très morne. Comme Ginette, elle a refusé de se laisser abattre par son deuil ou de prendre la fuite. Alice est persuadée que la compagnie Kleenex a dû embaucher du personnel supplémentaire pour répondre à ses besoins personnels!

Aujourd'hui, trois ans après sa perte, elle travaille comme réceptionniste dans un cabinet médical. Elle rencontre facilement des gens; elle est beaucoup plus forte et s'habille de couleurs plus gaies, plus vives. «Il est difficile d'admettre que je suis devenue meilleure aujourd'hui, déclare-t-elle, parce qu'on dirait que je suis contente que Laurent soit mort. Rien ne pourrait être plus loin de la vérité. Je donnerais n'importe quoi pour le ramener. Mais j'aime bien le nouveau moi qui a émergé de mon deuil. Je pense au passé et je n'arrive pas à croire que j'y suis arrivée!»

En fin de compte, le deuil parle de découverte

Le deuil commence par une perte terrible et douloureuse, mais il peut prendre fin avec la découverte d'une nouvelle existence. Parallèlement à tout ce qui se dit de négatif à propos du deuil, il existe un aspect positif au travail du deuil.

Ginette et Alice ont toutes deux découvert une force qu'elles ignoraient. Chacune en est sortie avec un nouveau sens de l'amour-propre et de la confiance en soi. Chacune d'elles sait qu'elle a subi l'épreuve la plus dure de la vie et qu'elle a gagné. Ni l'une ni l'autre ne veulent revivre une perte majeure, mais elles savent bien toutes les deux que si cela devait se produire, elles pourraient y faire face. Cette seule découverte ajoute une dimension nouvelle à leur bonheur et à la sécurité de leur vie.

Vous pouvez faire la même découverte. Je crois que chacun de nous a beaucoup plus de force qu'il n'en est persuadé. Pourtant, nous avons souvent besoin d'une tragédie pour mettre cette force en lumière.

Le deuil ne fait pas que fermer des portes. Il en ouvre aussi. Il est vrai que vous ne pouvez pas ramener une personne décédée, faire renaître un mariage qui a pris fin avec un divorce ou sur un rêve perdu. Cela ne signifie pourtant pas que la vie ne vous réserve plus rien de bon. Une fois que vous avez vraiment fait face à votre deuil et pris les mesures nécessaires pour y plonger, vous verrez surgir de nouvelles sources de joie que vous ne pouviez pas percevoir auparavant.

Quand mon père et ma mère sont morts, j'ai découvert quelque chose qui a continué d'enrichir ma vie depuis lors. *J'ai appris à pleurer!* Avant leur décès, j'ai toujours accueilli ma douleur avec une réserve stoïque. Avec le travail du deuil qui a suivi leur perte, j'ai découvert que j'étais plus fort parce que je pouvais pleurer. Les larmes libèrent la tension et le stress qui logeaient auparavant dans mon coeur et dans mon dos. Ma femme dit que je suis devenu un bien meilleur mari. Mes enfants ont un meilleur père et ma paroisse, un meilleur ministre du culte.

Au cours des années qui ont suivi, j'ai découvert que, parce que je pouvais pleurer en toute liberté, les larmes des autres ne m'incommodaient pas. Cette liberté m'a ouvert bien des portes dans le domaine de l'aide que je peux apporter aux autres. J'ai appris cela dans le laboratoire de ma propre perte et de mon deuil, et ça m'a permis de plonger sans peur dans les expériences du deuil des autres.

L'attitude et la préparation sont importantes

Bien que cette seule pensée vous donne un malaise, l'expérience du deuil ne vous prémunit pas contre les pertes futures.

Daniel et Dora avaient deux fils. Le plus jeune est mort à la suite d'un virus qui avait causé une inflammation du cerveau. Peu après sa mort, ils ont quitté la Floride pour l'Arizona dans l'espoir que ce nouvel environnement les aide à s'adapter à leur perte. Quelque temps après une fille leur naissait. Leur fils survivant, Michel, avait douze ans quand il a été kidnappé, assailli sexuellement et assassiné. En moins de six ans, ils avaient perdu deux de leurs trois enfants.

Daniel et Dora m'ont enseigné une inestimable leçon de courage face à un deuil bouleversant. Comme Ginette et Alice, ils n'ont pas fui l'impact de leur seconde tragédie. Ils ont affronté les premiers moments de la mort de Michel sous l'oeil inquisiteur de la caméra.

Ils n'ont pas pu voir le corps de Michel après la catastrophe parce qu'il avait été abandonné dans le désert. Pour mieux faire face à la réalité de leur tragédie, ils ont demandé à la police de leur montrer des photos prises sur les lieux du crime. Plus tard, ils ont visité l'endroit, situé à plusieurs kilomètres de la ville.

À la maison, ils ont affiché des photographies de Michel. Chaque jour, ils ont parlé de lui. À cause de toute la publicité, le procès de l'assassin de leur fils a eu lieu dans une ville distante de 300 km. Quand le procès a débuté, Daniel et Dora y étaient. Durant toutes les procédures judiciaires et même après, ils se sont comportés avec ouverture d'esprit et sang-froid pour devenir l'inspiration de notre communauté. Quelques mois après la mort de Michel, une petite fille de notre ville a été enlevée et tuée. Parmi les premières personnes à contacter les parents ébranlés se trouvaient Daniel et Dora.

L'une des plus grandes leçons que Daniel et Dora m'ont apprises est que le travail du deuil de Kevin, leur premier fils, les a aidés à se préparer à faire face à la mort de Michel. Plus important encore: cette préparation leur a montré qu'ils n'étaient pas à l'abri d'autres tragédies.

Heureusement, la plupart d'entre nous n'ont pas à subir ce genre d'épreuve. Mais nous avons tous besoin de nous rappeler que le pire genre de perte est toujours le nôtre.

Si nous nous attendons à souffrir pour le reste de nos jours à la suite de la mort d'un être cher, nous aurons plus de mal à admettre nos pertes et à poursuivre notre existence. Si nous comprenons cependant qu'un usage efficace de notre temps nous permettra de passer l'épreuve du deuil, nous pouvons nous mettre au travail et entamer le processus.

Ce que vous vous attendez à découvrir après une perte joue un rôle important dans la guérison du deuil. L'attitude avec laquelle vous considérez les nouvelles possibilités qui s'offrent à vous est aussi capitale.

J'entends souvent des affirmations comme celles qui suivent. L'attitude et l'attente qu'elles représentent ressemblent à des pierres qui bloquent l'accès à de nouvelles découvertes.

Vous ne vous remettez jamais d'une perte majeure comme un décès.

Le temps seul apaise la douleur.

Si vous aimez quelqu'un trop fort, votre deuil sera bien pire.

La mort du conjoint fait plus mal que le divorce.

La mort lente est plus facile à supporter que la mort subite.

Votre perte accomplit la volonté de Dieu et vous ne devriez pas l'interroger.

Si vous vous occupez, votre deuil s'en ira.

Aucune de ces affirmations n'est vraie! La perte et le deuil font partie de la vie et, à ce sujet, l'opinion populaire ne vaut pas grand-chose. Pour bâtir une nouvelle existence après le deuil, vous devez comprendre les réalités de la perte mieux que vous ne comprenez les réalités de la vie.

Par contre, les affirmations qui suivent sont vraies et représentent des attitudes et des attentes précieuses par rapport à la perte et au deuil.

Vous pouvez retrouver une vie pleine après une perte majeure de n'importe quel genre.

La guérison du deuil prend du temps. Elle demande aussi beaucoup de travail ardu.

Meilleure était votre relation avec le défunt, plus satisfaisant sera le travail du deuil.

Plusieurs personnes peuvent vous aider à traverser votre épreuve, surtout celles qui ont connu des pertes similaires.

Le deuil qui suit un divorce ressemble sous plusieurs aspects et diffère sous d'autres de celui qui suit un décès, et il est aussi douloureux.

Ce n'est jamais la volonté de Dieu que de faire souffrir ou mourir ceux que vous aimez. La mort et la perte font partie de notre vie mortelle.

Si vous vous tenez trop occupé pour faire face à vos sentiments et pour éviter d'en parler, vous vous soumettez à un plus grand risque de maladie.

Si vous appréhendez la perte et le deuil de cette manière, vous vous aidez à mettre votre nouvelle existence sur pied. Vous ne pouvez pas éviter les expériences de perte majeure. Vous perdrez des gens, des lieux et des périodes de votre vie qui vous sont chers. L'une de ces épreuves dramatiques ne vous prémunit pas contre les autres. Mais vous pouvez avoir l'assurance que les pertes qui vous affecteront vous ouvriront de nouvelles portes et en fermeront d'autres.

CHAPITRE 12

Bornes temporelles

Les bornes qui jalonnent le chemin de la guérison

Après une perte majeure, il existe certains repères spéciaux dans le temps, et ils revêtent une signification particulière.

Au chapitre 3, j'ai décrit les étapes qui mènent à la guérison du deuil et que vous devez vous attendre à suivre. Les repères dont il est ici question sont des points tournants ou des bornes qui jalonnent votre route. Chacun d'eux marque un temps de découvertes et de libération d'une partie du passé.

Le troisième mois

Après la mort d'un être cher ou après un divorce, le troisième mois constitue souvent l'une des périodes les plus difficiles. À ce moment-là, tous les vestiges du choc et de l'engourdissement ont disparu. L'impact de la perte vous frappe de plein fouet.

Suffisamment de choses se sont produites qui rendent la dénégation impossible. Si votre conjoint est mort, vous avez rempli au cours des trois derniers mois des certificats de décès et des formulaires d'assurance sociale. Vous avez mangé et dormi seul depuis 90 jours. Si votre enfant est mort, vous savez maintenant que vous ne retrouverez plus jamais votre petit. Si vous avez divorcé, votre ex-conjoint vit peut-être déjà un nouvel amour.

Les adaptations difficiles qui surviennent durant cette étape de la guérison dureront un certain temps. Mais pour une raison ou pour une autre, le troisième mois restera dans votre esprit le plus pénible.

Laurie avait 35 ans quand sa mère est morte subitement. Elles vivaient dans des provinces différentes depuis que Laurie et son mari avaient déménagé, peu après leur mariage. Les deux femmes avaient maintenu au cours des années un contact téléphonique et éprouvé beaucoup de plaisir à prendre des nouvelles l'une de l'autre chaque semaine.

Trois mois après la mort de sa mère, Laurie est venue me voir parce qu'elle avait des idées suicidaires persistantes. Elle était persuadée que sa mère lui avait rendu visite la nuit précédente. Elle avait dit à Laurie à quel point elle s'ennuyait d'elle et souhaitait sa présence à ses côtés.

À la lumière du jour, Laurie savait que ses idées suicidaires n'étaient pas rationnelles. Mais durant la nuit, ses idées lui donnaient plus de mal. Je lui ai expliqué que ce qui lui arrivait était un phénomène normal durant le troisième mois de deuil. Nous avons planifié une série de séances et mis au point une façon de procéder durant la nuit si les choses devenaient trop pénibles à supporter.

Après nous être rencontrés plusieurs fois, j'ai suggéré à Laurie d'écrire une lettre d'adieu à sa mère. Elle devait lui dire à quel point elle l'aimait, à quel point elle avait apprécié les années qu'elles avaient passées ensemble et la nature toute spéciale de leurs relations. Désormais, elle devait permettre à sa mère de la quitter. Laurie devait dire adieu pour pouvoir continuer sa vie avec son mari et sa famille. Elle s'ennuyait beaucoup de sa mère et ne l'oublierait jamais. Pour tout ce qu'elle lui avait appris, elle montrerait sa reconnaissance en vivant une nouvelle existence pleine de réalisations personnelles.

Après avoir écrit la lettre, Laurie devait la lire à haute voix plusieurs fois par jour jusqu'à ce qu'elle puisse le faire sans craquer. Et puis, elle devait m'apporter la lettre et me la lire.

Laurie a pu accomplir cette tâche pénible. C'est sans doute ce qui lui a permis d'écarter ses idées autodestructrices. En affrontant la réalité de son deuil et en comprenant mieux ce qu'elle devait attendre d'elle-même, Laurie a pu traverser cette période sans représenter un danger pour elle-même.

Sur votre calendrier, entourez le troisième mois suivant une perte importante. Quand survient une réaction que vous n'aviez pas prévue, vous pouvez vérifier la date et dire: «Oh, ça fait à peu près trois mois que __________ est mort; j'aurais dû prévoir quelque chose comme ca!»

Ce simple exercice peut transformer votre réaction normale au deuil en période de découverte au lieu de moment de panique.

Si vous n'appartenez pas déjà à un groupe de soutien au troisième mois, essayez d'en trouver un. Il est plus important à ce moment-là de parler avec un conseiller professionnel ou avec un prêtre que de demander l'avis d'amis ou de membres de votre famille inexpérimentés.

De six à neuf mois

Durant cette période particulière, vous devez porter attention à la relation entre votre corps et vos émotions.

Entre six et neuf mois après une épreuve majeure, vous pourriez être plus vulnérable que jamais auparavant du point de vue physique. L'étude que le docteur

Glen Davidson a menée auprès de personnes endeuillées a montré qu'environ 25% d'entre elles avaient connu un affaiblissement du système immunitaire durant cette période. Je vous recommande fortement d'entourer aussi sur votre calendrier le cinquième mois et de prévoir une visite chez le médecin.

Le mari de Pat est mort. Son décès l'a obligée à fermer la maison pour les jeunes fugueurs qu'elle tenait et à déménager dans une nouvelle ville pour trouver du travail. Elle a dit adieu aux amis proches. Dix mois plus tard, Pat a développé une mystérieuse maladie. Elle avait beaucoup de fièvre, souffrait d'épuisement et était devenue trop faible pour marcher sans support. Les tests ont montré une déficience immunitaire inconnue. Avec le temps, le mal a disparu aussi mystérieusement qu'il avait fait son apparition. Pat est convaincue que les racines de son mal étrange plongeaient au coeur du deuil qu'elle a vécu à la suite de ses pertes.

Choses à faire pour prendre soin de vous physiquement

Pour acquérir la force dont vous avez besoin durant la convalescence du deuil, le docteur Glen Davidson recommande les cinq choses suivantes. Après examen de plus de 100 facteurs différents, seuls ces cinq-là se sont révélés revêtir une importance statistique. Plus vite vous les entreprendrez, mieux cela vaudra.

Joignez-vous à un groupe de soutien.

Adoptez un horaire et un régime alimentaire adéquats.

Cela signifie: manger de la nourriture saine et bien équilibrée; éviter les aliments sans valeur nutritive, les gras, l'excès de sucre, la caféine et l'alcool. L'annexe B contient une liste du genre de nourriture qui vous donnera plus de force et un exemple de menu.

Buvez assez d'eau.

Le stress et le bouleversement du deuil entraîneront sans doute chez vous de la déshydratation que vous pouvez fort bien ignorer. En général, vous devriez boire 1/3 de plus d'eau que votre soif ne demande. Les boissons gazeuses sucrées, les breuvages à la caféine et les breuvages alcoolisés ne remplacent pas le sucre! En fait, ces substances déshydratent et demandent que vous preniez encore plus d'eau.

Faites de l'exercice.

Quarante-cinq minutes de marche rapide soulageront autant les symptômes de dépression qu'une période équivalente de thérapie; sans compter le fait que ces minutes ne vous coûteront rien! Les extensions, la marche et les exercices aérobiques autorisés par votre médecin peuvent vous profiter grandement.

Reposez-vous suffisamment.

Idéalement, vous devriez maintenir autant que faire se peut l'horaire de sommeil que vous aviez adopté avant votre perte. Au chapitre 13, vous trouverez certains exercices qui vous aideront à trouver le sommeil et vous diront ce qu'il faut faire si vous vous éveillez au milieu de la nuit.

Un an

Vous n'avez pas besoin d'indiquer l'anniversaire de votre perte sur votre calendrier. Chaque veuf, chaque veuve et chaque divorcé peuvent vous dire la date et l'heure exacte de leur perte. Vous n'oublierez sans doute jamais non plus la date de votre propre perte.

L'anniversaire de la mort d'un être cher est particulièrement lourd. Vous aurez alors accompli ce que vous auriez cru impossible il y a quelques mois. Vous aurez survécu toute une année sans la personne qui vous était aussi précieuse que la vie elle-même.

L'anniversaire apporte souvent à bien des gens un mélange de tristesse et d'espoir. De façon éclatante, vos souvenirs vous rappellent l'étendue de votre perte et la gravité de vos blessures. Vous avez pourtant parcouru toute une année, et vous en espérez davantage pour l'année qui vient.

Après la mort du mari de Lucie, nous qui la connaissions, nous inquiétions d'une chose. Elle ne semblait pas très bien se porter. Elle a assisté quelquefois aux rencontres du groupe de soutien, puis elle a cessé de venir. On aurait dit qu'elle perdait du poids et qu'elle évitait ses amis et ses voisins. Elle ne parvenait pas à se défaire des vêtements de son mari ou de la grosse collection d'outils qu'il gardait dans un hangar métallique derrière la maison. Il avait toujours pris soin de sa cour avec beaucoup d'orgueil. Maintenant, la cour était dévastée.

Nous nous inquiétions de plus en plus à mesure que l'anniversaire de la mort de son mari approchait. Les gens du groupe de soutien ont mis au point un plan: deux de nos veuves devaient lui rendre visite le matin de la date anniversaire. Je devais la voir au cours de l'après-midi. Quelqu'un d'autre devait l'inviter à souper ce soir-là.

Quand le jour est venu, les deux femmes ont été voir Lucie. Elles l'ont trouvée dans la cour, occupée à planter de nouvelles pousses. Les outils avaient disparu; elle les avait vendus à un voisin. Le hangar contenait maintenant du matériel de jardinage. Quand j'y suis allé, elle n'y était pas parce qu'elle avait été à un club de bridge avec un voisin. Au souper ce soir-là, elle a dit à ses hôtes qu'elle avait terminé sa responsabilité à l'égard du deuil et qu'il était temps pour elle de reprendre sa vie en main. Elle est restée une personne heureuse et bien qui continue de trouver de nouvelles façons de jouir de l'existence.

Soulignez, vous aussi, l'anniversaire de votre perte. Vous pouvez prendre ce jour en charge. Je suggère:

Si vous travaillez, prenez congé. Vous voudrez peut-être vous inviter à l'hôtel pour une nuit, y déjeuner et laisser aux autres le soin de cuisiner à votre place.

Faites un effort conscient pour vous souvenir de la personne que vous aimiez. Regardez des photos, lisez des lettres, examinez des objets personnels, faites tout ce que vous pouvez pour évoquer vos souvenirs.

Téléphonez ou écrivez pour remercier tous ceux qui vous ont aidé durant l'année.

Prévoyez un souper avec un bon ami qui connaît bien votre perte.

En vous servant des buts que vous vous êtes fixés plus tôt, élaborez des projets pour l'année qui vient.

Si vous vivez dans une nouvelle ville ou dans une nouvelle province, visitez votre ancien quartier ou téléphonez à quelqu'un que vous connaissiez bien là-bas.

Entreprenez l'étude de votre nouveau quartier. Apprenez quelque chose de son histoire.

Quelle que soit votre perte, faites du jour anniversaire une date où surgissent autant d'espoir à la pensée de l'avenir que de tristesse à l'évocation du passé. Le début de la deuxième année après votre perte marque le moment de centrer davantage votre attention sur la direction que vous prenez que sur le passé.

Dix-huit mois

Voici venu le moment de constater que votre deuil n'est pas encore terminé. Comme un an et demi vous sépare de votre perte, vous avez la conviction que les moments pénibles sont désormais derrière vous. Vous connaissez maintenant plus de bons jours que de mauvais. Vous pouvez avoir réappris à rire.

Tout à coup, il pourrait vous sembler que le deuil recommence encore une fois. La tristesse revient. Des images de la personne décédée hantent votre esprit. Les nuits qui s'étaient faites plus tolérables redeviennent longues et pénibles.

Si vous avez divorcé, vous avez pu passer ces dix-huit mois dans l'euphorie de votre liberté retrouvée pour sentir soudain le plancher céder sous le poids de vos émotions.

À ce moment, vous devez savoir que vous répondez de façon très normale à une perte majeure.

Très fréquemment, c'est à ce moment-là que les gens se tournent vers les groupes de soutien sur le deuil pour la première fois. Dorothée a entendu parler du groupe par un ami. «Je pensais que je pouvais dépasser cette chose-là», dit-elle en arrivant un jour. «Je n'ai jamais traversé les choses auxquelles on m'avait dit de m'attendre après la mort de mon mari. Tout allait bien jusqu'au début de ce mois-ci. Maintenant, j'ai l'impression de reculer.» Quand j'ai demandé à Dorothée depuis combien de temps son mari était mort, elle m'a répondu que ça faisait dix-huit mois.

Les recherches entreprises par le docteur Glen Davidson auprès des personnes endeuillées ont montré la fréquence de ce retour à un niveau plus intense de deuil. Le graphique qui suit montre le retour de l'intensité entre le douzième et le dix-huitième mois après la mort d'un être cher.

Intensité des signes de deuil au cours des premiers mois après la mort d'un être cher

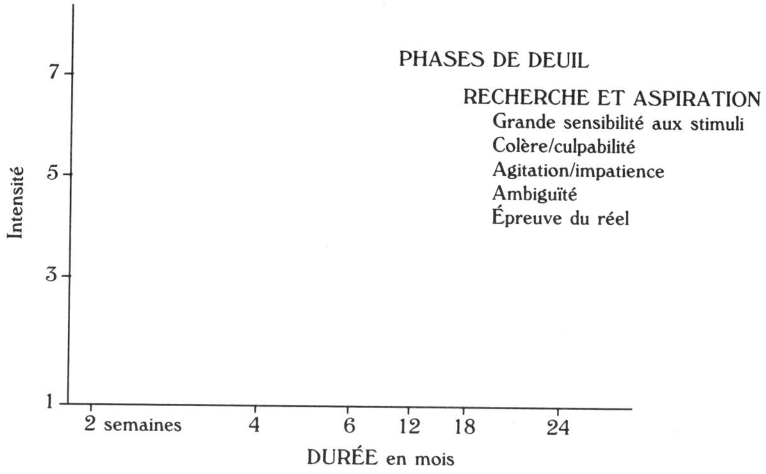

Reproduit avec la permission de: *Understanding Mourning*, de Glen Davidson© 1984, Augsburg Publishing House.

Les choses les plus importantes à retenir à propos de ces cahots sur le chemin de la guérison sont:

Elles signalent le progrès, pas la régression.

Elles ne durent pas longtemps.

La meilleure façon de les traiter est d'agir comme si la perte était récente.

Après la deuxième année

Une fois passée la deuxième année de votre perte, votre cible principale sera l'adaptation à la nouvelle vie que vous avez découverte. Parfois, le défi le plus grand sera de reconnaître que vous êtes prêt à poursuivre votre route.

Vous vous débattrez peut-être avec l'impression de déloyauté vis-à-vis de votre conjoint décédé.

Si l'un de vos parents est mort et que l'autre commence à fréquenter une autre personne ou se remarie, vous pouvez éprouver un problème de colère.

Les parents qui ont perdu un enfant choisissent souvent ce moment-là pour planifier la naissance d'un autre enfant.

Pour la plupart des gens divorcés, le début de la troisième année marque la mise au rancart de l'ancien mariage. Vous pourrez commencer à voir vaciller votre résolution de ne jamais plus vous remarier.

Vous remarquerez que la douleur de votre deuil n'est plus aussi intense. Les dates spéciales et les occasions particulières continueront à beaucoup vous toucher. En général cependant, vous pourrez davantage commencer à découvrir ce que la vie vous réserve.

C'est le moment d'élaborer des projets à long terme. Le moment pourrait aussi être arrivé de faire l'acquisition d'une nouvelle garde-robe ou d'essayer une nouvelle coiffure. C'est peut-être le moment de donner du sens à votre perte en utilisant les connaissances que vous avez acquises pour aider les autres personnes en deuil.

La fin du deuil

C'est un mensonge que de croire que la fin du deuil marque le début du vide et du désespoir. Chacun de ces points de repère est une borne postée le long de la voie de la guérison.

Vous n'éprouverez pas toujours ce que vous ressentiez au début, au milieu, ou à la fin du deuil. Si vous prenez le deuil en sachant ce à quoi vous pouvez vous attendre de vous-même, vous trouverez autant de déceptions que de surprises agréables.

Vous ne devriez pas éviter le deuil. Il est plus difficile et plus douloureux que n'importe quoi d'autre. Il prend du temps. Mais il peut aussi devenir une occasion incomparable de découvrir votre propre force de caractère.

Fanny est celle qui m'a amené à m'engager vis-à-vis de la perte et du deuil. Quand son mari est mort après une longue lutte avec le cancer, je m'attendais à ce que Fanny tombe en morceaux. Georges avait toujours été l'un de ces hommes imposants, super-machos, qui pouvaient faire n'importe quoi. Sa forte personnalité dominait sa famille. Fanny avait semblé se fier entièrement à lui et je me demandais si elle pourrait survivre à la mort de Georges.

Dès le début cependant, j'ai vu émerger une Fanny que je ne connaissais pas. Elle est devenue la force, le guide du développement de notre premier groupe de soutien sur le deuil. Elle apportait son aide à une personne endeuillée après l'autre jusqu'à ce qu'elle voie la nécessité de former un groupe d'entraide. Elle m'a poussé à animer le groupe. Le partage des expériences que les membres du groupe vivaient semaine après semaine m'a donné ma première leçon de compréhension du deuil sain.

Un peu plus d'un an après la mort de Georges, Fanny m'a annoncé qu'elle avait redécoré sa chambre à coucher. Elle s'était défaite de l'ameublement massif et sombre si propre à Georges. À la place, elle avait installé un nouveau lit recouvert d'une jupe à volants roses, acheté des décorations féminines et posé un nouveau papier peint.

Fanny vivait un deuil très profond, et elle avait beaucoup de mal à surmonter sa perte. Mais elle a donné tout ce qu'elle avait. Ce faisant, elle a trouvé une force qui l'a surprise plus que quiconque. Aujourd'hui, elle continue de construire une existence positive pour elle.

Fanny a trouvé ce que vous pouvez aussi découvrir. Le deuil parle autant de la perte que du gain. Il ne s'agit pas d'une maladie sociale, mais d'un processus qui vous permet de recouvrer votre équilibre après que l'existence vous a assené un coup dur.

Le stress et les défis inhérents à la guérison du deuil exigent une discipline qui ajoute une dimension importante à votre vie. Vous pouvez en sortir plus fort et plus compatissant que jamais.

Ces découvertes procurent sens et direction à votre deuil; ils vous donnent le pouvoir de vivre une nouvelle vie avec espoir et joie.

CHAPITRE 13

Choisir de recommencer à vivre

Prendre charge de son propre deuil

Avec les semaines qui passent après une épreuve majeure, votre vie reprend une certaine routine normale.

Si vous travaillez, le besoin de revenu vous ramène au boulot. Si vous êtes le parent d'un jeune enfant, vous remarquez que la vie continue, tout comme les demandes incessantes d'attention. Vous devez tout de même soigner et nourrir les animaux domestiques. Vous devez aussi payer les factures. Les tâches ménagères et l'entretien du terrain réclament les soins que vous ne leur avez pas accordés pendant votre période de choc.

Bien sûr, rien n'est exactement comme avant la mort de votre être cher, comme avant votre divorce, votre déménagement dans une ville étrangère ou toute autre perte majeure. Les tâches restent peut-être les mêmes, mais vous avez changé.

Même les travaux que vous effectuiez le plus automatiquement peuvent maintenant vous sembler impossibles.

Les pleurs familiers de vos enfants peuvent vous taper sur les nerfs.

La routine domestique s'est transformée en exercice fastidieux. Vous avez très peu d'énergie. Vous dormez peut-être trop, ou bien vous fixez le plafond, nuit après nuit.

À mesure que s'écoule la première semaine, la permanence de votre perte vous atteint. Avec cette prise de conscience vient la peine. Les exigences ordinaires de la vie demandent le retour immédiat de votre attention. Même à ce moment, avec le mal qui vous afflige, on dirait que vous essayez de fonctionner, de vivre chaque nouvelle journée avec le pire mal de dents de toute votre vie.

Choisir de revivre

Vous devez alors prendre une décision qui surpasse toutes les autres: *vous devez choisir de revivre.*

Quand vous faites ce choix, vous décidez de prendre votre deuil en main. Au cours des deux premières semaines, votre vie n'avait plus aucune direction. Votre deuil vous possédait. Désormais, il est temps de prendre votre deuil en charge pour vous diriger sur la voie de la guérison.

Vous avez été jeté par terre — aplati comme une crêpe, pour être plus précis —, et il est maintenant temps de vous relever, de retrouver votre équilibre et de poursuivre votre existence.

Donnez-vous la permission de faire votre deuil

L'exercice qui suit sort le deuil de la catégorie des choses qui ne devaient pas arriver et en fait un symbole de votre capacité d'amour.

Si vous avez subi une perte majeure récemment, le deuil ne ressemble pas à quelque chose pour laquelle vous devez obtenir une permission. Pour vous, le deuil est un «vilain mot». Il dénote quelque chose d'horrible. Vous ne pouvez pas en tirer de la fierté et vous voudriez qu'il disparaisse le plus rapidement possible.

Vous aurez besoin d'une tablette lignée de 22 cm x 28 cm (8 1/2 po x 11 po).

Suivez les étapes selon leur ordre de présentation:

1. Décrivez la perte qui vous a apporté le deuil. Depuis combien de temps s'est-elle produite?
2. Écrivez autant que vous le pouvez à propos de l'importance à vos yeux de la relation que vous entreteniez avec cette personne, cette place, ou avec l'état que vous avez perdu.
3. Décrivez la douleur et la tristesse que vous ressentez à cause de cette perte. Dans l'annexe A, la liste des mots qui expriment les sentiments peut vous aider à dire plus clairement vos émotions.
4. Quel impact a cette perte sur votre vie? À la suite de cette perte, qu'avez-vous perdu d'autre?
5. Relisez vos réponses aux numéros 2, 3 et 4.
6. Qu'est-ce que vos réponses disent de l'affection que vous portiez à cette personne, à cet endroit ou à cet état?
7. Étant donné l'amour que vous éprouviez pour cette personne ou pour cette chose et l'impact de sa perte sur votre existence, est-ce que, outre le deuil, toute autre réponse de votre part serait appropriée?
8. Notez ce qui suit sur une feuille de papier:

La tristesse que j'éprouve est une fleur à ma boutonnière. J'arbore en ce moment avec fierté ma vie blessée. Cette expression de mon deuil témoigne de l'importance et de la profondeur de mon amour pour (lui/elle/cette chose/cet état). J'accepte de ressentir l'impact total de mon deuil à titre d'hommage ultime et d'acte d'amour.

Je tracerai mon chemin au milieu de cette expérience et ne m'enfuirai pas.

(Signez votre nom)

9. Faites quatre copies. Gardez vous-même l'original et placez-le bien en évidence.

Faites parvenir une copie à quatre autres personnes dont au moins deux n'appartiennent pas à votre famille. Vous voudrez peut-être en envoyer une à votre pasteur.

Avec cet exercice, vous aurez trouvé une raison à votre tristesse et pris en charge votre propre guérison.

Faire face à une perte passée

Si vous avez décrit un événement passé depuis plusieurs années, vous n'aurez pas besoin du même temps de deuil. Cependant, le deuil que vous vivez n'en est pas moins réel.

June avait plus de cinquante ans lorsqu'elle s'est aperçue qu'elle avait été molestée sexuellement quand elle était enfant. Pendant toutes ces années, le traumatisme de cet épouvantable événement se cachait dans les replis de ses émotions, trop pénible pour remonter à sa conscience. Quand elle en a finalement été sensibilisée, une profonde tristesse et un grand deuil l'accompagnaient.

Durant plusieurs mois, elle a fouillé les douloureuses émotions reliées à sa perte. Elle a nommé cela la perte de son innocence. Sa confiance en la vie avait été endommagée. Elle était mariée depuis 31 ans et n'avait jamais compris pourquoi elle n'avait pas pu jouir de l'intimité du mariage. Elle avait l'impression qu'on lui avait volé plusieurs des joies de la vie.

Il n'y a pas moyen de retrouver les années perdues ou les joies qu'elle aurait pu connaître. La colère, la douleur et la frustration la submergeaient.

En se livrant à un exercice semblable à celui que vous venez de faire, June a pu faire le travail du deuil et prendre en charge sa réponse à une blessure grave.

Aujourd'hui, elle a complètement recouvré son équilibre relativement à cet événement. Elle a ouvertement partagé son expérience et s'en est servie pour aider les autres femmes à traverser cette perte déchirante.

En tant que mari, je suis très fier d'elle.

Quand vous vous donnez la permission de prendre le deuil, vous vous faites un gros cadeau. Le deuil est une étape importante de la guérison d'une perte présente ou passée et une clé essentielle quand on veut mener une vie pleine après une perte.

Tenir le journal de bord de votre périple dans le deuil

Une fois que vous vous êtes permis de faire votre deuil, vous devez tenir un journal quotidien de votre voyage dans le deuil. Vous pouvez vous servir d'un calepin de notes ou d'un agenda. Indiquez la date et l'heure de votre inscription journalière en haut de chaque page. Pour chaque journée, notez les informations suivantes:

un événement important qui s'est produit;

la personne qui a été la plus signifiante pour vous ce jour-là;

les changements que vous avez observés chez vous;

vos projets pour le lendemain;

des notes à votre intention.

Faites votre entrée quotidienne le soir après le repas et au moins une heure avant d'aller au lit.

Quelques mois, peut-être un an plus tard, vous reconnaîtrez l'importance du journal. Les changements qui marquent vos progrès sur le chemin du deuil se produisent lentement. Vous pourrez penser que vous piétinez et vous vous découragerez. Durant des périodes comme celle-là, la lecture récapitulative de votre journal vous aidera à vous rappeler d'où vous êtes parti et quelle distance vous avez vraiment parcourue.

Le journal vous aide à rester responsable de votre deuil.

Quand vous notez les événements quotidiens, vous donnez du sens à ces événements.

Quand vous songez aux gens marquants pour vous, vous vous préservez d'une solitude plus grande.

Quand vous inscrivez vos projets du lendemain, vous vous encouragez à prendre la bonne direction.

Je vous recommande d'écrire dans votre journal en soirée parce que, quand vous luttez contre le deuil, la veillée est toujours le moment le plus difficile de la journée. En vous concentrant sur le deuil à ce moment-là, vous prenez en charge votre expérience. J'appelle cela *l'exorcisme des soirées*. Ça marche.

Quand vous aurez fini d'écrire votre journal, vous voudrez peut-être vous livrer à d'autres activités relaxantes.

Ne buvez pas de café, de chocolat chaud ou tout autre breuvage riche en caféine ou en sucre pendant que vous écrivez votre journal. Vous n'avez pas besoin qu'un stimulant chimique interfère avec un sommeil reposant.

Si vous avez du mal à vous détendre, les exercices qui suivent peuvent vous venir en aide. Je les aime parce qu'ils sont à la fois simples et efficaces.

Exercices pour relâcher la tension

On appelle cet exercice le *Respirateur 8-8-8.*

Assoyez-vous sur une chaise confortable, les pieds bien à plat sur le sol, les mains posées sur les cuisses, paumes en bas.

Fermez les yeux.

Faites ce qui suit:

1. Soufflez doucement tout l'air de vos poumons.

2. *Lentement*, aspirez en comptant jusqu'à 8. Laissez votre abdomen se gonfler tandis que vous aspirez. Comptez: «et un et deux et trois et quatre...» jusqu'à huit.

3. Retenez votre souffle, toujours en comptant jusqu'à 8 de la même manière.

4. *Lentement*, expirez, en comptant jusqu'à 8.

5. Respirez normalement pendant à peu près une minute.

6. Répétez plusieurs fois cette séquence, jusqu'à ce que vous sentiez disparaître la tension.

Variation sur le thème des moutons

Vous pouvez pratiquer cet exercice de relaxation en tout temps, même s'il vous aide surtout quand vous n'arrivez pas à dormir.

Étendez-vous sur le lit, dos à plat, jambes étendues et mains de chaque côté.

Procédez au *Respirateur 8-8-8* plusieurs fois.

Fermez les yeux et tournez-les vers le haut aussi loin que vous le pouvez.

Simultanément et silencieusement, comptez de 1 à 100, et de 100 à 1.

Procédez comme suit: 100 - 1, 99 - 2, 98 - 3, 97 - 4, 96 - 5... Gardez les yeux fermés et continuez de regarder vers le haut.

En comptant, vous remarquerez que vos yeux se fatiguent. Laissez-les se détendre dans une position plus confortable.

À un certain moment, vous aurez du mal à suivre la séquence de chiffres. Cela signale que votre esprit commence à se détendre et se prépare au sommeil. Ne tentez pas de vous forcer à poursuivre le compte et le décompte.

Quand cela se produit, imaginez que vous descendez un escalier situé devant vous. L'escalier compte vingt marches et prend la forme que vous voulez. À mi-chemin se trouve un palier.

Supposez que vous descendiez les marches l'une après l'autre. Comptez-les en le faisant. 1 - 2 - 3 - 4... Quand vous atteignez la dixième, arrêtez-vous sur le palier. Et puis descendez lentement le reste de l'escalier.

Il est fort possible que vous ne vous rendrez pas au bas avant de sombrer dans le sommeil. *Ne combattez pas le sommeil.*

Si vous parvenez au bas de l'escalier, vous vous sentirez très détendu et bien à votre aise. Représentez-vous une pièce qui soit votre retraite privée. Personne ne partage jamais ce lieu avec vous. Vous l'avez décoré et arrangé à votre goût. La pièce est chaude et confortable. Là, vous êtes libéré de toute pression et de toute inquiétude. Accordez-vous de rester dans cette pièce aussi longtemps que vous le voulez.

Même si vous ne vous endormez pas, vous vous reposerez. J'ai constaté que vingt minutes de relaxation de ce genre équivalent à deux ou trois heures de sommeil normal et sont aussi rafraîchissantes.

Pour varier durant la journée, vous pouvez vous asseoir bien à l'aise sur une chaise. Des yeux, fixez un petit objet ou une légère marque sur le mur et commencez à compter jusqu'à ce que vos yeux s'alourdissent. Fermez-les à ce moment-là, et entreprenez la descente de l'escalier. Quand vous parvenez à la pièce du bas, restez-y aussi longtemps que vous en avez envie. Quand vous êtes prêt à mettre fin à la période de relaxation, remontez l'escalier en comptant les marches. Vous ouvrirez les yeux près du sommet et vous vous sentirez alerte et dispos.

Quand vous n'arrivez pas à dormir

En dépit de tous vos efforts, vous vous éveillez parfois au milieu de la nuit et vous ne pouvez pas retrouver le sommeil. On dirait qu'une ou deux nuits de sommeil interrompu seulement suffisent à engendrer ce cycle, mais que plusieurs mois sont nécessaires pour retrouver un cycle normal. L'exercice qui suit vous aidera à reprendre vos habitudes de sommeil en l'espace d'une ou deux semaines.

Tracez d'abord un calendrier quotidien des choses que vous ferez. Divisez chaque période de 24 heures en quatre parties: matinée (après l'éveil); après-midi; soirée (jusqu'à votre coucher); et nuit (heures de sommeil normal). Établissez votre horaire comme suit:

Matinée: énumérez ce que vous ferez depuis votre lever jusqu'au dîner. Inscrivez vos repas à une heure précise et tenez-vous-y, que vous ayez envie de manger ou non.

Après-midi: énumérez ce que vous ferez après le dîner jusqu'au souper. Inscrivez aussi ce repas à une heure précise et tenez-vous-y.

Soirée: énumérez les heures de la soirée depuis le souper jusqu'au moment de votre coucher. Si vous avez, par exemple, mangé à 18 heures et que vous alliez normalement vous coucher à 22 heures, votre horaire devrait être:

18:00: souper
19:00:
20:00:
21:00:
22:00: coucher

Inscrivez maintenant ce que vous ferez à chaque heure de la soirée. Efforcez-vous de suivre ce plan.

Nuit: inscrivez l'heure où vous vous réveillez le plus souvent au cours de la nuit. Et puis, inscrivez cette heure et continuez à noter chaque demi-heure jusqu'au moment habituel de votre réveil le matin.

Si vous vous levez, par exemple, d'habitude à 6:00 heures, mais que vous vous réveillez chaque nuit à 2:00 heures, votre liste devrait ressembler à celle qui suit:

2:00
2:30
3:00
3:30
4:00
4:30
5:00
5:30
6:00

Chaque soir, écrivez ce que vous ferez durant les segments de 30 minutes depuis votre réveil jusqu'à votre heure normale de lever. *C'est crucial:* assignez-vous des tâches désagréables. Le nettoyage des placards ou de la toilette, le lavage du plancher, votre tenue de livres: faites ce que vous n'aimez pas faire! Vous ne devriez pas manger ni rester au lit à regarder le plafond. Si vous retournez vous coucher, utilisez l'une des techniques de relaxation pour vous rendormir.

La plupart des gens remarquent qu'après quelques nuits à ce régime, ils dorment jusqu'à leur heure de lever sans plus de problèmes.

Il est primordial que vous appreniez à vous détendre pour faciliter votre travail du deuil et recommencer à vivre. Vous devez également apprendre à changer votre attitude à propos des larmes.

Des larmes sur commande

Cet exercice vise à vous aider à vous débarrasser de vos craintes, fantasmes et réserves à propos des larmes. Vous l'utiliserez probablement souvent au cours des premières semaines ou des premiers mois après une perte majeure. Il montre clairement que vous ne devez pas retenir vos émotions, surtout quand vous avez affaire à la pire des pertes.

Préparation:

Vous irez bien. Pour éviter cependant toute anxiété inutile, prenez-vous un *gardien*. Cette personne devrait savoir ce que vous faites et bien connaître les circonstances de votre deuil. Vous laisserez son numéro de téléphone à côté de votre appareil, au cas où vous auriez besoin d'aide.

Choisissez une pièce de la maison qui possède à vos yeux une valeur sentimentale. Vous devriez y trouver de gros coussins, une boîte de papiers-mouchoirs, un poste de radio, et des photos de la personne que vous avez perdue. Choisissez la soirée pour vous adonner à cet exercice.

Exercice:

Baissez l'éclairage. Allumez la radio. Choisissez un poste qui diffuse de la musique sentimentale et dont les interruptions sont limitées, ou servez-vous d'un magnétophone ou d'une table tournante. Placez le volume aussi haut que vous le pouvez pour être à votre aise.

Ressentez l'impact de l'atmosphère que vous avez créée. Permettez à cette ambiance de toucher votre tristesse. Pensez à la personne décédée ou aux rêves de mariage heureux que vous aviez élaborés et qui ont disparu. Ou bien regardez encore des photographies des gens et de l'endroit que vous avez quittés pour emménager dans une nouvelle cité.

Rappelez-vous les moments les plus intimes. Songez à votre perte. Laissez aller vos sentiments. Dites à haute voix ce que vous ressentez.

Placez deux chaises dos à dos. Assoyez-vous sur l'une et imaginez que la personne que vous avez perdue est assise sur l'autre. Dites encore à voix haute ce que vous ressentez.

Vous pouvez aussi imaginer que Dieu est assis sur l'autre chaise et lui dire sans restriction ce que vous éprouvez à la suite de votre perte.

Tenez un oreiller dans vos bras et pleurez dans l'oreiller en vous balançant d'avant en arrière. Criez, si vous en avez envie. Appelez la personne ou l'objet que vous avez perdu. Ressentez votre perte. Laissez sortir vos sentiments aussi longtemps qu'ils veulent se manifester.

Le relâchement de votre douleur et de votre tristesse vous soulagera. N'essayez pas de camoufler votre colère.

Quand vous commencez à vous sentir mieux, laissez vos nouveaux sentiments s'exprimer. Concentrez-vous sur l'émergence de ces pensées positives. Énoncez à voix haute ces pensées positives.

Quand vous êtes prêt à le faire, allumez les lumières. Baissez le volume de la musique. Changez le poste pour un autre, plus heureux et plus joyeux. Rangez tous les symboles de vos larmes: les papiers-mouchoirs, l'oreiller et les chaises.

Pratiquez les exercices respiratoires; étirez vos muscles; faites de la gymnastique suédoise, ou courez sur place.

Buvez un ou deux grands verres d'eau. Faites-vous une tisane, ou prenez un verre de jus. Mangez une pomme, du pain ou des biscuits, et des légumes crus.

Prenez un bain ou une douche tiède. Lisez un livre humoristique. Allez vous coucher.

Aussitôt que possible, dites à votre gardien comment s'est déroulée l'expérience. Parlez-en aussi à votre conseiller et à votre groupe de soutien.

Inscrivez le résultat de votre expérience dans votre journal.

Vous noterez que la majeure partie de votre inconfort et de vos hésitations à propos des larmes vous ont quitté. Vous pourrez affronter vos sentiments avec plus de facilité et moins d'anxiété.

Plusieurs personnes trouvent que cet exercice ressemble au fait d'allumer la lumière dans une pièce sombre. Tout le mystère et tous les mythes relatifs aux larmes disparaissent. Non seulement vos larmes ne posent-elles plus problème dans votre travail du deuil, mais encore deviennent-elles une source de réconfort.

Une fois que vous vous sentez à l'aise vis-à-vis des larmes, vous êtes prêt à faire face au deuil lui-même de manière plus directe.

Maintenez la communication avec votre deuil

Cet exercice agit sur votre deuil tout comme l'exercice précédent agissait sur vos larmes. Il écarte l'idée que le deuil est une sorte de monstre à six têtes qui vous happera à la seule mention de son nom. Votre travail consiste à communiquer avec votre deuil comme s'il avait sa propre personnalité. Vous lui parlez et vous l'écoutez.

Si vous avez perdu un être cher, cet exercice vous aidera particulièrement environ trois mois après le décès.

Vous écrirez deux lettres. Je vous suggère d'utiliser du papier à lettres dont vous vous servez habituellement quand vous écrivez à des amis ou à des membres de votre famille. Voyez les pages (119 à 121) pour des exemples.

Date: ___________ Heure: ___________

Au deuil,

À toi,

Avant d'écrire, demandez-vous: «Si je pouvais exprimer au deuil mes pensées et mes sentiments, qu'est-ce que je lui dirais? Qu'est-ce que je voudrais que mon deuil sache de son impact sur ma vie?»

Soyez aussi franc que vous le pouvez. Écrivez la lettre. Signez-la.

Vingt-quatre heures plus tard — mais pas moins —, écrivez une deuxième lettre. Cette seconde lettre viendra du deuil et vous sera adressée.

Présentez-la de la même façon que la première, mais adressez-la à vous-même et signez-la: «À toi, deuil.»

Avant d'écrire, demandez-vous: «Qu'est-ce que je pense que le deuil essaie de me dire? Qu'est-ce qu'il me veut?»

Puis, aussi honnêtement que possible, écrivez-vous de la part du deuil.

Mettez les lettres de côté pour un jour ou deux. Et relisez-les à voix haute.

Qu'est-ce que ces lettres révèlent de votre attitude face à l'expérience du deuil? Quelles découvertes faites-vous sur votre propre compte à partir de ces missives?

Trouvez quelqu'un avec qui partager le contenu des lettres et parlez-lui de vos trouvailles. Si vous faites partie d'un groupe de soutien, c'est là une excellente activité à partager entre vous.

Je vous suggère de conserver les lettres avec votre journal personnel. Environ deux ans plus tard, écrivez les mêmes lettres encore une fois, sans vous reporter aux originaux. Après coup, comparez vos textes. Vous serez étonné de constater à quel point la même personne peut écrire des lettres si différentes. Vous trouverez probablement que le deuxième jeu de missives a été écrit plus par un aventurier que par une personne endeuillée.

Si vous avez du mal à exprimer votre deuil, vous aurez du mal à communiquer avec vos amis, votre famille et vos collègues. Rares seront les gens de votre entourage que votre deuil n'incommodera pas. Bientôt, après toute perte, y compris la mort et le divorce, les gens voudront que vous agissiez comme si vous choisissiez de revivre. Ils voudront que vous fassiez cela bien avant que vous ne soyez prêt à le faire.

L'anthropologue Margaret Mead a dit: «Quand quelqu'un naît, nous célébrons; quand quelqu'un se marie, nous jubilons; mais quand quelqu'un meurt, nous faisons comme si rien ne s'était passé.»

Pourquoi? Parce que la naissance et le mariage sont des circonstances où le gain domine la perte. Nous savons quoi dire et comment réagir en ces circonstances. Mais quand nous croisons la mort, nous la considérons comme une oblitération sur chacun des aspects de la joie humaine. Nous ne savons pas quoi dire à une personne en deuil. Nous sommes terriblement mal à l'aise en présence du deuil de quelqu'un d'autre.

Il est bon de se rappeler cela quand c'est notre propre tour de prendre le deuil. Quand quelqu'un reste éloigné de nous au moment où nous avons le plus besoin de lui, ce n'est pas qu'il ne nous aime pas. Tout simplement, il ne sait pas quoi dire ou quoi faire. Il se sent incapable.

L'exercice suivant vise à vous aider à communiquer avec ceux dont le soutien vous manque le plus, ce qui inclut les membres de votre famille, vos amis, le clergé et les médecins.

Choses à rappeler aux personnes qui ne sont pas en deuil

Dactylographiez ou écrivez les phrases suivantes sur une fiche ou sur une feuille de papier.

1. *Vis-à-vis de mon deuil, je ne m'attendrai pas à ce que les autres soient meilleurs que j'aurais pu l'être vis-à-vis de leur deuil à eux si je n'avais subi ma perte.*
2. *Les gens ne peuvent pas devenir ce qu'ils ne sont pas.*
3. *La plupart des gens veulent m'aider. Ils me veulent du bien, même quand ils font des choses sottes et méchantes.*
4. *Les autres, y compris les professionnels, ne sauront pas ce qui peut m'aider, à moins que je le leur dise.*
5. *Je serai patient avec les autres puisque j'ai besoin de leur présence.*

Emportez ces notes partout où vous irez pour les avoir toujours à votre disposition. Vous voudrez peut-être les lire plusieurs fois par jour pour y puiser du réconfort quand les gens agiront de façon incroyablement grossière. Si votre conjoint est décédé, par exemple, quelqu'un ne mettra vraiment pas beaucoup de temps à:

vous demander comment vous allez. À ce moment-là, vous saurez que la seule réponse acceptable est: «bien».

agir comme si votre conjoint décédé n'avait jamais eu de nom. Cela vous arrivera au moment où vous souhaiterez que tout le monde sache qu'il — ou elle — était une personne très spéciale qui fera toujours partie de votre vie.

trouver un stratagème pour éviter de vous parler.

mettre en doute quelques-unes des décisions que vous avez prises à propos des funérailles, de l'enterrement ou des événements qui ont précédé la mort de votre proche.

Si vous comprenez que les piètres réactions des autres ne vous sont pas imputables, le fardeau que vous traînez déjà n'en sera qu'un peu plus léger.

Choses à dire aux personnes qui ne sont pas en deuil

Dactylographiez ou faites imprimer les déclarations suivantes sur un papier de bonne qualité et de couleur. Je suggère que vous fassiez photocopier les feuilles. Dans presque chaque municipalité, l'on trouve de ces commerces qui font de la reprogravure et qui vous fournissent tout le matériel dont vous avez besoin.

Mon cher (ami, parent, pasteur, employeur...),

J'ai vécu une perte dévastatrice. Je mettrai du temps, peut-être des années, à surmonter le deuil qui m'afflige. Pendant un certain temps, il est possible que je pleure plus qu'à l'accoutumée. Mes larmes ne signalent pas la faiblesse, un manque d'espoir ou de foi. Elles représentent la profondeur de ma perte, et elles signalent ma convalescence.

Il se peut que je me mette parfois en colère sans raison apparente. Le stress du deuil accroît l'intensité de mes émotions. Veuillez me pardonner s'il m'arrive de sembler irrationnel.

J'ai besoin de votre compréhension et de votre présence plus que de toute autre chose. Si vous ne savez pas quoi dire, touchez-moi, caressez-moi, mais laissez-moi savoir que vous vous intéressez à moi. S'il vous plaît, n'attendez pas que je vous appelle. Je suis souvent trop fatigué pour même penser à me servir du téléphone et à demander l'aide dont j'ai besoin.

Ne me laissez pas m'éloigner de vous. Au cours de l'année qui vient, j'aurai, plus que jamais, besoin de votre présence.

Vous pouvez prier pour moi, mais seulement si vous ne le faites pas par obligation. Ma foi ne doit pas me mettre à l'abri du processus de deuil.

Si, par chance, vous avez déjà vécu une épreuve qui ressemble quelque peu à la mienne, partagez-la avec moi. Vous ne me blesserez pas.

Cette perte est la pire chose qui me soit arrivée. Mais je la surmonterai et je survivrai. Je ne me sentirai pas toujours comme en ce moment. Je recommencerai à rire.

Merci de vous préoccuper de moi. Votre souci est un cadeau que j'apprécierai toujours.

À vous,

Transformez cette lettre au gré des circonstances qui vous sont propres. Donnez-en une copie à ceux dont vous avez le plus besoin. En écrivant des pensées comme celles-là, vous éviterez beaucoup d'incompréhension. Les gens sauront davantage ce qu'ils doivent attendre de vous.

En écrivant cette lettre, vous affirmez aussi que vous entendez prendre charge de votre deuil et grandir à travers lui.

Continuer à vivre

Prendre la décision de recommencer à vivre après une perte majeure n'est pas facile. Vous devez faire passer votre volonté avant certaines émotions très puissantes.

Vous ne pouvez pas attendre de vous sentir mieux pour décider de vivre. Vous devez prendre la décision parce que vous savez que c'est la bonne, et puis vous devez attendre que vos sentiments rejoignent votre décision. Ils le feront.

Le prochain chapitre contient encore plus d'exercices pour vous aider à soutenir votre décision et à mettre sur pied une nouvelle existence.

CHAPITRE 14

Ouvrir de nouvelles portes

Les décisions qui font la différence

Le fait de prendre des décisions est l'un des défis les plus difficiles que vous ayez à relever en retrouvant votre équilibre après une perte majeure.

Au cours des premiers jours, tandis que vous faites face à des demandes sans fin, vous agissez comme un robot, en répétant machinalement le processus normal de décision.

Plus tard, l'engourdissement et le choc se dissipent et vous éprouvez une peine épouvantable. *Toute* décision vous demande un effort extrême. Au début, vous devez vous consacrer aux paperasses qui succèdent au décès ou au divorce; à la localisation des services nécessaires dans une nouvelle ville ou à l'adaptation à l'existence sans l'un de vos membres.

Plus tard encore, ce n'est pas tant ce que vous *devez* faire qui vous embête, mais ce que vous *voulez* faire.

C'est le temps de vous mettre en branle. Vous savez maintenant que vous survivrez à votre perte.

La douleur continue de vous habiter et, à certains moments, elle vous déchire autant qu'au tout début. Mais au moins, vous la connaissez maintenant bien. On pourait croire que le vide et la tristesse terribles, la douleur qui logent dans votre ventre et dans votre coeur y ont toujours habité. Vous savez que ces choses feront partie de vous pour longtemps.

Six mois après la mort de son mari, Cindy est venue me voir en état de choc. Un collègue de travail lui avait demandé un rendez-vous! Le seul fait de prendre une décision la figeait. Elle était seule. Mais elle ne pensait pas à elle-même en termes de personne seule, célibataire. Comme la plupart des veuves, elle différait des divorcés en ce qu'elle se voyait comme une personne mariée dont le mari était mort. Ses amis divorcés, eux, se percevaient comme des célibataires disponibles et libres pour la bonne personne.

Pour Cindy, la difficulté d'accepter ou de refuser un rendez-vous résidait dans le fait que ni l'une ni l'autre des réponses ne reconnaissait qu'elle devait maintenant prendre ses propres décisions et vivre sans son mari.

Je pense que c'est aussi la raison pour laquelle tellement de personnes divorcées sont terrassées par la nouvelle du remariage de leur ex-conjoint. Le fait que le passé est vraiment enterré atteint enfin son but. Il n'y a pas moyen de le retrouver et la vie doit continuer.

Durant la guérison du deuil de toute perte majeure, vient un moment où vous semblez vous tenir dans une grande pièce froide, sans fenêtre, mais pourvue de nombreuses portes. Vous savez que vous devrez quitter la chambre à un moment ou à un autre. Ce n'est pas un endroit agréable, mais, quoi qu'il en soit, choisir une porte n'est pas facile.

Les souvenirs, les images du passé et la terrible perte que vous avez subie remplissent la pièce. Vous ne savez pas si ce qui vous attend par-delà ces portes est, de toute façon, meilleur. Vous l'espérez, mais vous ne savez pas comment la vie pourrait redevenir chaleureuse et agréable.

Laisser la pièce équivaut à quitter votre passé. Vous pouvez emporter vos souvenirs, mais c'est tout.

Quelle que soit votre décision, vous commencerez une vie nouvelle et différente, que vous n'avez jamais connue auparavant.

Il est temps de choisir.

Dans son livre, *Time Remembered*, Earl Grollman dit: «Il est risqué d'entreprendre de nouvelles choses... Et pourtant, il est plus risqué encore de ne rien risquer. Parce qu'il n'y aura *pas* d'autres possibilités d'apprendre et de changer, de voyager sur les ailes de la vie... Vous avez été fort de vous accrocher. *Vous serez encore plus fort d'avancer vers de nouveaux commencements*[1].»

Un exercice en matière d'élaboration de projets

Complétez le questionnaire suivant dans votre journal ou sur des feuilles à part:

Date: ___________

Quelles tâches dois-je accomplir au cours des sept prochains jours?

Si je n'avais pas à faire ces choses, qu'est-ce que j'aimerais faire au cours de la prochaine semaine?

Quelle barrière m'empêche de faire ce qui me tient le plus à coeur?

De quelles ressources est-ce que je dispose pour surmonter ces barrières?

---

1. Earl Grollman, *op. cit.*

De quelle aide ai-je besoin pour réaliser les choses que je veux faire?

Quelles sont les choses que j'aimerais faire au cours des trois prochains mois?

De quelles ressources spirituelles est-ce que je dispose pour trouver ou retrouver l'aide dont j'ai besoin pour continuer ma vie?

De quoi est-ce que ma vie aurait l'air dans un an, si je pouvais faire ce que je veux?

Choisissez un but parmi vos objectifs respectifs d'une semaine, de trois mois ou d'un an. Inscrivez ces objectifs ici et notez comment vous saurez que vous les avez atteints.

Une semaine

Trois mois

Un an

Nommer une ressource spirituelle que vous aimeriez trouver ou retrouver. Prenez rendez-vous avec votre pasteur, votre rabbin ou votre ministre du culte pour en discuter. Si vous n'appartenez pas à une communauté religieuse, demandez à un ami de vous en recommander une.

Dans votre agenda, encerclez le jour où votre but d'une semaine devrait être atteint.

Commencez à travailler à chacun des objectifs que vous avez choisis dès le jour qui apparaît en tête de votre questionnaire.

Inscrivez dans votre journal les progrès que vous faites en regard de chacun des buts que vous vous êtes fixés. Si vous en avez réalisé un, choisissez-en un autre de la même catégorie. S'il devient évident que votre but est irréaliste, choisissez-en un autre. Si un nouveau but fait surface, cherchez à l'atteindre.

Faites connaître à un ami qui vous en demandera des comptes vos objectifs et la date où vous prévoyez les avoir concrétisés.

À la fin de la première semaine, fixez-vous un nouvel objectif pour la prochaine semaine. Poursuivez cette façon de faire pendant au moins la première année qui suit votre perte.

En élaborant des objectifs à court, moyen et long termes, vous entrouvrez la porte de votre avenir. Que vous réalisiez ou non vos objectifs importe peu. Le plus important, c'est que vous commenciez à faire de nouvelles choses en vue de votre existence après l'épreuve.

L'étape suivante fait mal. Je tiens à ce que vous le sachiez avant d'entreprendre l'exercice qui suit. Il est aussi capital pour la poursuite de votre guérison.

La lettre d'adieu

Il n'est jamais facile de dire adieu. Quand vos invités partent ou que vous quittez vos parents préférés après une visite, le moment du départ a toujours quelque chose de triste.

Dire adieu à un être cher décédé, à un mariage terminé ou aux endroits et aux gens que vous aimez fait toujours mal au-delà des mots.

Pourtant, avant de pouvoir ouvrir de nouvelles portes, vous devez fermer celles qui appartiennent au passé. Cela ne signifie pas que vous deviez oublier la personne ou les souvenirs, pas plus que vous devez renier les amis qui vous quittent pour rentrer chez eux après un repas.

Quand vous dites adieu, vous admettez que vous ne partagerez désormais plus votre existence avec une personne, un lieu, une partie de votre vie ou une partie de votre corps.

La libération d'un morceau de votre vie qui restera dans votre mémoire, mais sans lequel vous devez dorénavant vivre, est un acte d'amour.

Il importe de dire adieu aux gens que vous quittez temporairement, mais il est encore plus important de dire adieu à ceux que vous ne reverrez plus jamais en cette vie. Il est tout aussi crucial de dire adieu aux endroits et aux rêves perdus.

Pour commencer, pensez à la source de votre deuil, qui que ce soit ou quoi que ce soit. Reportez-vous à votre journal et relisez ce que vous avez écrit dans l'exercice intitulé *«Donnez-vous la permission de faire votre deuil»*.

Servez-vous de votre papier à lettres préféré. Si vous n'en avez pas, achetez-en comme si vous vous prépariez à écrire à quelqu'un de très important. Utilisez une bonne plume. Cette lettre mérite tout ce qu'il y a de mieux. Pas de crayon à la mine ni de calepin de notes.

Adressez votre lettre comme suit:

S'il s'agit d'une personne décédée, utilisez la formule de salutation dont vous vous serviez quand cette personne vivait.

S'il s'agit d'un mariage qui a pris fin, adressez-vous à votre union comme s'il s'agissait d'un individu. Il se peut que vous désiriez parler à votre ex-conjoint, mais ce n'est pas nécessaire.

S'il s'agit d'un endroit, adressez-la comme s'il s'agissait d'une personne. (June et moi avions écrit à «Notre chère maison».)

S'il s'agit d'un rêve brisé, ou d'une partie de votre vie, adressez-la de manière personnelle.

Après avoir adressé votre lettre, admettez immédiatement qu'il s'agit d'une missive d'adieu.

Et dites à la personne, ou à l'événement personnalisé tout ce que vous auriez aimé lui dire, mais que vous n'avez jamais osé.

Remerciez votre destinataire des choses dont vous vous souvenez.

Si vous écrivez à un être cher décédé, donnez-lui la permission d'être mort.

Exprimez vos espoirs et votre vision de l'existence que vous mènerez après votre perte.

Signez la lettre d'une manière qui vous soit personnelle.

Attendez environ 24 heures, puis relisez-la à haute voix. Recommencez plusieurs fois par jour pendant plusieurs jours.

Quand vous pourrez la lire dans son entier, même si vous pleurez, lisez-la à un ami, à un conseiller ou à un prêtre.

Conservez votre lettre dans votre journal, avec les autres exercices, à titre de moment historique de votre guérison.

Après la mort de sa femme, Ken a écrit le texte qui suit:

«Marie chérie,

Toi et moi avons toujours eu le Seigneur pour compagnon. Si ce n'était pas le cas, je ne sais pas ce que je ferais en ce moment. C'est lui qui nous a soutenus pendant ta maladie. Et maintenant, ma foi et ma confiance en Dieu continuent de me réconforter.

Le grand vide que ta mort a laissé dans ma vie s'étale toujours devant moi.

Comment «nous» peut-il devenir «je»?

Comment «nous» peut-il devenir «moi»?

Comment «nos» peut-il devenir «mon»?

À cause de Dieu, je crois qu'il y aura toujours dans mon coeur un «nous» et «nos». À cause de ma foi, je peux te confier à l'amour et aux soins de Dieu jusqu'à ce que nous nous rencontrions à nouveau en son royaume. Jusqu'à ce jour donc, adieu.»

Cette lettre a permis à Ken de libérer son attachement à Marie, de poursuivre son existence et, éventuellement, de se remarier.

Utiliser les ressources de la religion

Peu importe que vous soyez pratiquant ou non, les ressources de la religion sont primordiales pour vous.

Tout d'abord, le deuil n'est pas une expérience intellectuelle. Les notions philosophico-religieuses ne vous aideront pas. Ce n'est pas le moment d'entamer des débats théologiques à propos de la «bonne» sorte de religion.

Je vous recommande tout simplement de trouver le pasteur et l'église ou la synagogue de votre région qui vous offrent le meilleur programme de soutien. Quelle que soit l'orientation religieuse du groupe, vous y trouverez de l'aide.

Les meilleures ressources que la religion met à votre disposition sont l'espoir, le réconfort et le sens d'une signification supérieure à la vie elle-même. Vous bénéficierez de tout cela et vous commencerez à ouvrir de nouvelles portes dans votre existence.

Former un groupe de soutien

Le meilleur soutien que vous puissiez obtenir pendant le travail du deuil vient d'un groupe de personnes qui ont aussi déjà connu la perte.

Une des nouvelles portes que vous pouvez décider d'ouvrir est celle de l'organisation et de la formation d'un groupe de soutien. Cela peut vous paraître compliqué. Mais je vous garantis que ça ne l'est pas.

Vous n'avez pas besoin d'être un animateur talentueux ni d'en avoir un sous la main; c'est un extra. Vous pourrez trouver une personne-ressource pour vous conseiller au cas où quelqu'un montrerait des signes de deuil altéré.

La perte et le deuil sont des expériences tellement communes que l'annonce de la formation d'un groupe de soutien fera apparaître les gens dont vous avez besoin pour le composer. Votre groupe n'a pas besoin de compter plus de trois ou quatre personnes. Il ne devrait pas dépasser huit ou dix participants sans la présence d'un animateur chevronné.

Les exercices que je vous ai donnés peuvent servir aux activités du groupe. Tous ont été testés pendant plus de cinq ans dans le cadre des groupes que j'ai animés.

Votre paroisse peut vous mettre en contact avec les gens susceptibles de former le groupe. Votre prêtre, pasteur ou rabbin, peut vous fournir un lieu de rencontre et peut vous apporter son aide au niveau de l'animation. Le groupe de soutien sur le deuil devrait prévoir un minimum de douze réunions hebdomadaires d'une durée d'une heure à une heure et demie. J'aime personnellement que les gens du groupe puissent rester aussi longtemps qu'ils le désirent. Cette façon de procéder donne aussi aux personnes nouvellement endeuillées une place de référence toute faite.

Quand le deuil de quelqu'un s'altère, le groupe lui procure une atmosphère affectueuse dans le cadre de laquelle on peut lui conseiller de demander une aide professionnelle.

Combien de temps devriez-vous participer au groupe de soutien? Aussi longtemps que vous en ressentirez le besoin et jusqu'à ce que vous ayez ouvert toutes les portes qui mènent à la nouvelle existence à laquelle vous voulez accéder.

Souvenez-vous: les expériences qui se produisent «pour la première fois sans la personne perdue» dominent l'année qui suit une perte majeure. Durant au moins cette année-là, vous aurez besoin de tout le soutien que vous pourrez obtenir.

Le groupe de soutien vous permet aussi de donner du sens à votre propre perte en utilisant votre expérience pour aider les autres. Ce n'est pas rien!

L'annexe C contient des descriptions plus détaillées quant à la manière de former un groupe et de diriger les quelques premières séances.

Faites de votre deuil une douleur créatrice

Quand vous vous engagez dans le deuil des autres, vous devez savoir une chose: *le partage du deuil des autres ressemble à un jeu dans la boue. Vous ne pouvez pas réussir sans vous salir!*

Il y a des moments où vous savez que vous portez déjà tout ce que vous pouvez supporter comme fardeau et où vous vous demandez comment vous débrouiller avec celui que traînent tout aussi péniblement les autres.

Cependant, un mystère merveilleux entoure le deuil. Plus vous le partagez avec les autres, plus vous prenez en charge votre propre deuil. Ce ne sera pourtant pas moins douloureux. Mais cela semblera considérablement plus tolérable.

Quand vous partagez vos luttes et vos découvertes avec les autres et que vous écoutez leurs histoires, vous remarquez que votre douleur devient créatrice. Elle a une raison d'être, un sens et une dignité que vous n'aviez jamais ressentis auparavant.

Parmi les gens que je connais, ceux qui ont complètement recouvré leur équilibre après une perte majeure sont précisément ceux qui se sont le plus donnés aux autres.

Yvonne avait perdu son mari, celui qui partageait sa vie depuis 49 ans, à la suite d'une courte maladie. À ce moment-là, elle avait plus de 70 ans. Peu après, elle a commencé à se consacrer aux besoins des autres. Elle est devenue amie avec une jeune femme dont le mari s'était suicidé et l'a soutenue durant les périodes de profonde dépression. Elle prend soin d'une soeur plus âgée, elle est bénévole à une cantine communautaire et fait partie du conseil d'administration d'une maternelle. Elle a maintenant plus de 80 ans et elle se porte très bien!

Je ne peux pas vous recommander d'exercice pour transformer la douleur de votre deuil en mal créateur. Je peux, par contre, vous dire que les occasions surgiront si vous ouvrez les portes.

Il y a bien une autre porte qui s'ouvre toujours à vous quelque temps après une perte majeure, et c'est celle du besoin de pardonner à quelqu'un. Si vous n'ouvrez pas cette porte, vous pouvez bloquer votre capacité de libérer le passé et d'entreprendre une nouvelle vie.

Un exercice de pardon

La colère et les relations brisées sont des satellites du deuil. Cela vaut autant dans le cas d'un décès que dans celui d'un divorce. C'est un facteur significatif dans le déménagement ou dans toute autre perte majeure.

Je crois que vous pouvez présumer de ce qui suit et ne jamais vous tromper: *si vous avez connu le deuil, vous devez pardonner à quelqu'un.*

Il est possible, bien sûr, que quelqu'un doive vous pardonner. Mais c'est la tâche de cette personne. Votre besoin de pardonner vous appartient en propre.

Complétez le questionnaire:

Quelle est la personne avec qui vos relations ont changé depuis votre perte?

Rendez-vous cette personne responsable d'une partie de votre perte?

Jusqu'à maintenant, connaissez-vous vos propres sentiments? La colère, la rancune, la haine vous habitent-elles quand vous songez à cette personne? Si c'est le cas, pourquoi?

Pouvez-vous pardonner à cette personne et exprimer votre pardon? Si vous pouvez pardonner, trouvez la meilleure manière de le faire et agissez.

Si votre colère n'est toujours pas apaisée, poursuivez ce questionnaire.

Qu'est-ce que votre rancune *vous* fait? Comment affecte-t-elle votre amour-propre?

Quelles autres relations en sont aussi affectées?

De quelle façon votre colère vous prive-t-elle de votre énergie et de votre joie? Votre colère affecte-t-elle votre sommeil?

Partagez vos sentiments et les résultats de ce questionnaire avec votre pasteur ou avec un ami de confiance, qui n'est pas mêlé à la situation.

Déterminez les raisons pour lesquelles vous ne pouvez pas pardonner. Trouvez de motifs plus profonds à votre mal et à votre colère.

Écrivez une lettre de pardon à la personne, que vous ayez ou non envie de lui pardonner. Faites comme si vous vouliez le faire.

Insérez la lettre dans une enveloppe et placez-la dans votre journal. Chaque jour, quand vous notez ce qui vous est arrivé, relisez-la à voix haute. Apportez-y des changements à mesure que vos sentiments se modifient. Gardez-la jusqu'à ce que vous vous sentiez prêt à pardonner.

Ne postez pas la lettre ou n'agissez pas avant d'avoir la conviction d'être vraiment prêt à pardonner.

Pour accorder votre indulgence, je vous suggère d'attendre une occasion dont la signification vous est toute spéciale.

En faisant preuve de clémence, vous obtiendrez plus que la personne excusée.

L'importance du toucher

Durant les quelques premiers jours après votre perte, quand le choc et l'engourdissement avaient verrouillé votre système émotionnel, rien ne pouvait autant vous communiquer l'amour d'une autre personne que le toucher.

Au cours des mois qui ont suivi, vous avez apprécié les gens qui n'essaient pas de trouver les bons mots, mais qui entrent en contact avec vous grâce à un toucher amical sur le bras ou grâce à une caresse.

Le toucher d'un autre être humain compte plus quand vous subissez une perte majeure qu'à tout autre moment de votre vie.

J'ai appris cela à l'hôpital de ma localité où je travaillais. Mon personnel et moi fournissions des services de pastorale supplémentaires au chapelain protestant déjà surchargé de travail. Le premier appel d'urgence que j'ai reçu venait du service des soins intensifs aux nouveau-nés.

Un bébé, né prématurément, n'arrivait pas à survivre. À mon arrivée, le bébé était branché à des machines spéciales qui respiraient à sa place et qui enregistraient chacune de ses fonctions corporelles. Après quelque temps, on s'était aperçu qu'il n'était pas suffisamment développé pour survivre.

Le temps était venu de débrancher le système de soutien. J'ai tenu les mains des parents tandis qu'on enlevait les fils et les tubes. Nous avons pris le bébé et nous l'avons emmené dans la chambre de la mère où chacun de nous, à tour de rôle, l'a pris dans ses bras, l'a serré et a pleuré pendant qu'il mourait.

Je n'avais jamais vécu une expérience comme celle-là auparavant. Au début, il me semblait cruel d'obliger les parents à tenir leur enfant mourant. Quand est venu mon tour de prendre le nourrisson, je n'ai mis que quelques secondes à réaliser la sagesse de cette expérience.

Ce n'était pas un foetus. C'était une vraie personne qui valait l'amour et qui valait la peine parce qu'elle mourait. C'était bon de le tenir, et de pleurer, et de dire à ses parents à quel point il était beau. La mère et le père l'ont déshabillé, ils ont admiré chaque orteil et chaque doigt et lui ont donné les seules caresses qu'ils pourraient jamais lui donner.

J'ai parlé à ces parents plusieurs fois au cours des mois suivants. Ils ont fait le deuil de leur fils de manière appropriée, et ils étaient aussi très fiers de lui. Il était leur fils. Ils l'avaient touché. Il les avait touchés. Je l'avais touché aussi, et j'avais été touché par lui. D'une certaine façon, que je ne comprendrai jamais tout à fait, je suis un meilleur pasteur et une personne plus compatissante à cause de ce bébé qui n'a vécu en ce monde que quelques heures. Je sais que c'est vraiment arrivé parce que nous nous sommes touchés.

Je vous dis ceci dans l'espoir que vous toucherez et que l'on vous touchera, même aux moments du deuil où vous êtes le plus enclin à vous retirer.

Vous pouvez penser, comme je l'ai fait à l'hôpital, que le toucher ou les caresses ne sont pas très appropriés à ces instants-là. Je veux que vous sachiez que c'est non seulement convenable, mais encore que c'est bon pour vous.

Je termine maintenant chaque rencontre de notre groupe de soutien sur le deuil en rassemblant les gens dans un cercle fermé où nous nous tenons les mains pour dire une prière. Je pense que le toucher est aussi vital à notre bien-être que la prière.

Je me retrouve souvent en train de caresser les veufs, les veuves, les parents qui ont perdu un enfant, ceux qui viennent pour des conseils à cause d'un divorce et toute personne qui a connu une perte et qui vient m'en parler. Je n'ai jamais rencontré la plupart d'entre eux avant cette occasion. Mais on ne m'a jamais repoussé ou écarté.

Le docteur Leo Buscaglia a enseigné aux gens que les caresses apaisent tous les maux. Elles peuvent sauver des vies quand on combat le deuil.

Faire la paix avec le deuil

L'exercice qui suit demande l'aide d'un ami à la voix douce et agréable. Son but est de vous aider à faire la paix avec votre deuil et à vous sentir plus à l'aise pour ouvrir les portes à une nouvelle vie.

Vous aurez besoin d'un magnétophone et d'une bande magnétique vierge.

Demandez à votre ami d'enregistrer le message suivant en le lisant exactement comme il est écrit. Le narrateur devrait parler d'une voix calme, à une vitesse modérée. Les trois points (...) indiquent un moment de silence d'environ trois secondes. La façon la plus simple de chronométrer le message est de compter: un-et-deux-et-trois.

Prenez un moment pour vous détendre. Assoyez-vous droit dans un fauteuil confortable, les pieds bien à plat au sol, et les mains posées sur vos cuisses. Enlevez vos souliers, vos lunettes; desserrez vos vêtements. Assurez-vous que le téléphone ou toute autre distraction ne vous interrompra pas.

Le narrateur enregistrera ce message, que vous écouterez ensuite:

Centrez votre attention sur votre respiration. Remarquez comment une respiration lente et rythmée vous aide à vous détendre... Prenez quelques bonnes respirations... Très bien...

Maintenant, prenez ce qu'on appelle une respiration paisible. C'est une respiration profonde, un peu spéciale, qui aide votre corps et votre esprit, qui lui rappelle qu'il est temps d'être en paix. La respiration paisible se prend comme suit: expirez tout l'air de vos poumons. Aspirez lentement par le nez... Soufflez l'air avec force par la bouche.

Vous remarquerez une sensation de chatouillement après deux ou trois respirations paisibles... Elle signale que vous vous relaxez profondément.

Continuez à respirer lentement et profondément; aspirez par le nez et expirez par la bouche. Ce faisant, fermez les yeux, si vous ne l'avez pas déjà fait... Bon... Maintenant, les yeux fermés, tournez les yeux aussi loin que possible vers la gauche, comme si vous vouliez voir dans votre oreille gauche. Regardez à gauche aussi loin que vous le pouvez... Vous remarquerez que les muscles de vos yeux et de vos paupières sont devenus très tendus...

C'est bon parce que je veux que vous sentiez la différence entre la tension et la paix. Quand je compterai jusqu'à trois, ramenez votre regard devant vous, et sentez le tension disparaître. Un... deux... trois...

Sentez la paix calmante autour de vos yeux et dans votre nuque. Continuez de respirer lentement et profondément... aspirez par le nez, expirez par la bouche...

Commencez à détendre les muscles de votre visage... autour des yeux... dans vos joues... votre front... votre cuir chevelu... votre bouche et votre menton... Vous remarquerez peut-être que votre bouche s'affaisse et s'entrouve... c'est bien... Continuez de respirer de la même manière... aspirez par le nez, expirez par la bouche...

Laissez se détendre à leur tour les muscles de votre cou... votre tête penche vers l'avant... vous sentez la relaxation et la paix atteindre vos épaules... votre dos... le milieu de votre dos, le bas de votre dos...

Que la même paix se rende à vos bras et à vos doigts... qu'elle descende chacune de vos jambes pour se rendre à vos pieds et à vos orteils. Continuez de respirer lentement et profondément; aspirez par le nez, expirez par la bouche.

Vous pourrez sentir votre coeur battre... certaines personnes disent aussi qu'elles sentent ou qu'elles entendent le sang qui circule dans leurs veines. Peu importe votre sensation, c'est la façon qu'a votre corps de se détendre et d'être en paix...

Commencez, depuis le sommet de votre tête, un contrôle tranquille... Pouvez-vous trouver un endroit encore tendu?... Détendez-le...

Vous vous sentez toujours paisible et détendu... plus que vous ne l'avez été depuis longtemps... concentrez-vous encore sur votre respiration... à chaque expiration, dites-vous que vous êtes encore plus détendu...

Quand vous êtes complètement détendu... prenez le temps de savourer la sensation... permettez à votre corps de jouir de cette paix... laissez-la gagner votre estomac et vos intestins...

Tandis que vous baignez dans cette paix et cette détente, laissez votre deuil vous rejoindre; il ne vous fera pas de mal, il n'est plus aussi douloureux qu'il l'était... il fait partie de la vie... vous êtes en paix avec votre deuil, comme vous l'êtes avec votre corps. Continuez vos respirations...

Laissez votre imagination créer une nouvelle vie pour vous, une vie que vous aimeriez connaître dans le futur... voyez toutes les possibilités qui s'offrent à vous. En respirant, concentrez-vous sur vos désirs. À chaque respiration, dites-vous: «Je réaliserai mon rêve»... ajoutez tout ce que vous voulez vous dire...

En finissant cet exercice, vous remarquerez que vous êtes frais et dispos comme si vous aviez dormi d'un sommeil tranquille. Vous serez détendu et pourtant plein d'énergie, vous aurez acquis un nouveau sens du bien-être et de nouvelles résolutions pour votre vie...

Vous pouvez retrouver cette paix, chaque fois que vous le voulez, en vous servant de la respiration paisible... Maintenant, respirez de façon normale, légère... Quand je compterai à reculons de cinq à un, vous ouvrirez les yeux et vous sentirez parfaitement éveillé... 5... 4... 3... 2... 1... Très bien!

Vous pouvez écouter cet enregistrement aussi souvent que vous le voulez. Il est plus efficace après le neuvième mois de deuil.

Au moment où vous voulez ouvrir de nouvelles portes dans votre vie, vous méritez certes le droit à la paix, mais aussi celui de vous gâter un peu.

Les suggestions qui suivent visent à vous aider à prendre soin de vous. Votre imagination peut en ajouter à volonté.

C'est bien de revivre

Vous pouvez faire certaines choses relativement simples, mais qui entraînent dans leur sillage des symboles d'ouverture, de perspectives nouvelles:

Changez votre coiffure; adoptez-en une autre complètement différente. Qu'elle soit entièrement le fruit de votre décision.

Drapez-vous de couleurs. Demandez à une personne dont c'est le métier de vous aider à choisir les couleurs qui conviennent le mieux à votre teint et à vos cheveux. Achetez de nouveaux vêtements de la couleur qui vous va le mieux.

Entreprenez le voyage que vous avez toujours voulu faire et que vous aviez remis à plus tard à cause des responsabilités que vous n'avez désormais plus.

Redécorez à votre goût une pièce de la maison. Parfois une simple couche de peinture, du papier peint et quelques accessoires peuvent faire des merveilles.

Changez votre routine des repas, y compris le moment et le lieu.

CHAPITRE 15

Votre meilleur ami

La fin du voyage

Personne n'aime perdre. Perdre fait toujours mal, qu'il s'agisse d'une petite perte, d'une petite douleur ou de quelque chose d'aussi important que la mort de votre enfant ou une douleur énorme.

Si vous êtes une personne normale, en bonne santé, vous voulez gagner. En grandissant, vous aimiez les histoires de réussites. On vous a appris à croire que plus c'est gros, mieux c'est, et que le gain est beaucoup plus agréable que la perte.

Quelque part sur votre route se dressait une perte mineure. C'était l'une de ces déceptions qui peuvent «détruire» votre vie pour au moins 48 heures. «Qu'est-ce que tu as fait pour mériter ça?», vous a sûrement demandé un ami bien intentionné. Vous étiez pas mal certain d'avoir fait quelque chose.

Maintenant, vous avez subi une perte majeure. Son impact a affecté votre vie pour plus d'une année. Le deuil est devenu votre compagnon de tous les instants. Il a tiré vos émotions et vous a volé votre joie. Vous ne méritez pas la souffrance que vous éprouvez pourtant.

Vous n'avez connu le deuil que pour une seule raison. Vous vivez. Vous ne méritez pas la peine ou la tristesse, le vide, la fatigue ou la frustration. J'espère que vous savez désormais que Dieu n'a pas voulu votre épreuve. Il n'existe pas de système de justice divine qui vous a puni pour vos erreurs.

Vous êtes humain. Aussi longtemps que vous vivrez, vous connaîtrez de temps à autre la perte. Certaines pertes seront mineures, et vous les oublierez rapidement. D'autres changeront le cours de votre existence.

Quand vous passez l'anniversaire d'une perte majeure, vous pouvez toujours vous dire une bonne chose: *vous y êtes arrivé!* C'est particulièrement vrai quand la mort ou le divorce ont causé votre deuil.

Il vous revient finalement de décider si une perte majeure détruit votre vie ou fait de vous un être plus fort, meilleur. Personne ne peut vous faire grandir dans votre épreuve, mais personne ne peut vous en empêcher. Quand vous dites: «J'ai survécu à cette année», vous reconnaissez que vous avez réalisé la plus grande réussite de votre vie.

Quelque part entre le premier et le second anniversaire de votre perte, vous vous découvrirez un tout nouveau meilleur ami: vous-même.

Vous avez connu les abîmes. Vous avez traversé la pire expérience de votre vie. Vous avez supporté plus de douleur émotionnelle que vous ne l'avez même imaginé. Vous avez pris des décisions que vous auriez cru impossibles au cours des derniers mois. Au milieu de votre propre souffrance, vous avez rejoint les autres, ceux qui connaissaient aussi le deuil.

Désormais, vous commencez à examiner les possibilités d'une nouvelle existence. Vous ne l'avez pas demandée. Vous ne l'avez pas voulue. Mais maintenant qu'elle est là, vous en tirerez le maximum. Elle semble vous offrir ses propres joies.

En dépit de la solitude, vous commencez à recouvrer votre équilibre. Vous savez maintenant que vous êtes, après tout, un être remarquable.

Après avoir échoué sur les écueils les plus acérés durant votre périple à travers le deuil, vers la guérison, vous avez appris à vous connaître mieux que vous ne l'aviez jamais fait. En bâtissant votre nouvelle vie après le deuil, vous devez savoir précisément quelles sont vos forces et vos faiblesses.

L'exercice qui suit devrait vous permettre d'identifier plus clairement ces deux aspects.

Meilleur ami — pire ennemi

Divisez une feuille de 22 cm x 28 cm (8 1/2 po x 11 po) en deux à la verticale, en la pliant, ou en traçant une ligne depuis le haut jusqu'au bas.

En haut, à gauche, inscrivez: «Pire ennemi». En haut, à droite, écrivez: «Meilleur ami».

Réfléchissez maintenant aux déclarations suivantes:

Pour chacun de nous, il existe des façons d'être notre propre ennemi.

De la même manière, pour chacun de nous, il existe des façons d'être notre propre meilleur ami.

En tant que propre pire ennemi, nous nous créons des conflits intérieurs et nous nous rendons plus difficiles les choses que nous voulons ou que nous devons faire.

En tant que propre meilleur ami, nous apportons notre talent, nos dons et nos qualités à ce que nous entreprenons.

Du côté gauche de la feuille, énumérez vos manières d'être votre propre pire ennemi.

Du côté droit, énumérez vos moyens d'être votre propre meilleur ami.

Examinez les deux listes.

De quelle façon votre «meilleur ami» peut-il venir en aide à votre «pire ennemi»?

Est-ce qu'un conseiller professionnel pourrait aider votre pire ennemi? Si oui, demandez cette aide.

Partagez vos listes avec votre groupe de soutien, votre pasteur ou votre conseiller.

Tandis que vous continuerez de travailler votre perte et votre deuil au cours de la seconde année, vous ne serez pas autant écrasé par les tâches qui vous attendent que par celles que vous avez déjà accomplies. La période la plus difficile se situera sans doute autour du dix-huitième mois, quand une partie de votre agitation et de votre impatience anciennes pourra refaire surface. Comme je l'ai déjà dit, cela ne durera pas. Vous avez maintenant trouvé un meilleur ami pour vous aider à passer sur les cahots qui jalonnent le chemin de la guérison.

Si vous vous remettez du décès de votre conjoint ou d'un divorce, vous consacrez la plupart de vos énergies à chasser la solitude. D'autres pertes majeures peuvent vous imposer les mêmes tâches.

Voici une formule en trois points pour accomplir cette tâche: *Relâchement... réorientation... rétablissement des liens.*

Relâchement

Il est très douloureux de libérer les liens émotionnels qui vous rattachent à la partie de votre vie perdue.

Il peut vous sembler déloyal ou péché de penser à une autre personne après la mort de votre conjoint.

Après un mariage brisé, le fardeau de la désillusion peu s'avérer accablant.

Il est ardu d'élargir les liens sentimentaux qui vous attachent à l'endroit où vous avez passé la plus grande partie de votre vie.

Vous ne recouvrerez jamais votre équilibre, à moins de vous libérer de l'attachement émotionnel qui vous lie à ce que vous avez perdu.

Pensez à votre perte. Est-il temps de relâcher les liens émotionnels qui vous attachent au défunt... au mariage qui ne durera jamais toute la vie... à une partie de votre vie à laquelle vous accordiez une signification particulière... à toute autre perte?

Serge a bien du mal à accepter le fait qu'il a plus de 40 ans. Pour lui, les cheveux gris représentent une menace réelle. Il n'arrive pas à se défaire de sa propre image de jeune homme. Son fils aîné a presque 20 ans, et Serge se montre incroyablement exigeant envers lui. Rien de ce que le fils peut faire ne plaît au père. Le fils croit que son père souhaite qu'il quitte la maison pour ne plus l'avoir sous les yeux. Je pense qu'il a raison, mais pas pour les mêmes motifs. Rien ne cloche avec le fils, sinon son âge. Il est le miroir ambulant qui rappelle à Serge qu'il vieillit.

Ces dernières années, Serge a eu des liaisons avec des femmes beaucoup plus jeunes. Il boit trop et se montre souvent irresponsable avec l'argent.

Si Serge ne se libère pas bientôt de sa crainte de vieillir, il y a de fortes chances qu'il ne puisse garder sa famille bien longtemps.

L'élargissement des liens ne signifie pas l'oubli ou la négation de l'importance de cette partie de la vie. Cela ne signifie pas que vous n'aimiez pas votre enfant, votre conjoint, ou même votre parent défunt. Cela veut dire que vous comprenez que cette personne ne fera plus partie de votre vie actuelle, qu'elle ne vivra dorénavant plus que dans votre souvenir. Vous libérez ce lien pour vous ouvrir de nouvelles avenues dans l'existence.

Les exercices intitulés «la lettre d'adieu» et «faire la paix avec le deuil» du chapitre 14 vous aideront à procéder à cet élargissement.

Réorientation

L'étape suivante consiste à vous autoriser à donner de nouvelles orientations à votre vie.

Vous ne surmonterez pas la solitude en *songeant* à des solutions. Vous ne libérerez pas un lien avec le passé en *attendant* qu'il se défasse.

Vous surmonterez votre solitude en vous préoccupant des autres gens. Une fois que vous avez découvert que vous êtes en réalité votre propre meilleur ami, vous pouvez partager votre amitié avec d'autres personnes. Vous ne faites pas que réfléchir, vous agissez.

Les gens que je connais et qui ont accompli le plus de choses pour eux-mêmes, pour éliminer la solitude de leur vie après une perte majeure, sont aussi ceux qui sont impliqués, qui partagent avec les autres personnes endeuillées, qui donnent des services à la communauté, qui sont dévoués aux membres de leur famille, et qui développent de nouvelles amitiés.

Quand vous libérez votre attachement au passé, vous *agissez*. Vous élargissez vos liens en rafermissant vos liens avec le présent.

Pour un veuf ou une veuve, cela peut signifier une nouvelle relation avec une personne du sexe opposé. Pour le parent qui a perdu un enfant, cela peut vouloir dire centrer son attention sur un autre enfant, sur la naissance ou l'adoption d'un nouvel enfant. Dans une nouvelle ville, cela peut vouloir dire développer de nouvelles loyautés vis-à-vis de l'équipe sportive locale, se joindre à un nouveau groupe social, ou apprendre à connaître les caractéristiques de cette communauté.

Dans le chapitre 14, l'exercice intitulé «c'est bon de revivre» vous donne un exemple sur la manière de procéder pour donner une nouvelle orientation à sa vie.

Une autre méthode consiste à penser à quelque chose que vous auriez aimé faire sans en avoir eu la chance avant votre perte. Faites-la maintenant.

Sonia avait toujours voulu faire une excursion de rafting dans le Grand Canyon américain. Son mari, Claude, n'était pas du tout d'accord. Ce sujet avait fait l'objet de maintes querelles familiales. Quand Claude a eu le cancer, Sonia a tout oublié du rafting et du Grand Canyon. Elle a consacré toutes ses énergies à Claude et au temps qui leur restait.

Environ quatorze mois après la mort de son mari, Sonia a emmené ses deux fils dans le Grand Canyon. Elle a eu bien du mal à prendre cette décision et, durant le voyage, elle a connu des moments de tristesse et de larmes. Mais ce voyage-là a tout de même marqué un point tournant dans sa guérison du deuil. Elle a repris les cours, occupe un bon poste, et a récemment effectué sa première sortie amoureuse, au grand amusement de ses fils.

En écrivant votre journal, commencez à examiner de nouvelles perspectives et à rencontrer de nouvelles gens.

Rétablissement des liens

Le rétablissement des liens constitue l'étape finale. À ce moment-ci de votre vie, vous avez redirigé vos émotions vers le présent. Vous pouvez aimer quelqu'un d'autre et l'épouser si vous le souhaitez. Vous ne vous sentez pas obligé de visiter la tombe de votre enfant décédé, même si vous y déposez des fleurs durant les vacances, les jours d'anniversaire et d'occasions spéciales.

Je me souviens très clairement d'un événement survenu presque trois ans après notre déménagement. Quand nous sommes revenus d'un voyage dans notre ancienne ville, la route qui nous ramenait ressemblait à celle d'un retour à la maison. Nous nous sommes arrêtés à la frontière et nous avons versé quelques larmes quand nous en avons pris conscience. C'était le dernier signe de tristesse et nous revenions avec joie à notre nouvelle résidence.

Je ne peux pas vous dire à quel moment vous serez prêt à un autre mariage, à un autre enfant, à un autre emploi ou à une nouvelle ville. Il se peut aussi que vous ne choisissiez jamais l'une de ces voies. L'important, c'est que vous puissiez choisir ces routes si vous en avez envie.

Quand vous avez élargi le passé, quand vous avez donné une nouvelle orientation à votre avenir et rétabli le lien avec le présent, vous connaissez toujours des problèmes, tout simplement parce que c'est la vie, mais la solitude n'en fait plus partie.

La perte et la sexualité

Si vous êtes veuf ou divorcé, la question de la sexualité constitue un facteur significatif dans votre nouvelle existence après l'épreuve.

Je remarque que les veufs ont plus de mal à parler de sexualité que les divorcés. En partie, on peut attribuer cet état de fait à l'âge moyen du veuvage et à celui du divorce. Ce n'est pas que les veufs de soixante ou de soixante-dix ans ne sont plus intéressés aux choses du sexe. C'est qu'ils viennent d'une époque où l'on ne discutait pas de ces choses-là en public, et certainement pas avec un pasteur!

Si vous êtes une femme dont le mari est décédé, vous vivez la même situation que des millions d'autres femmes en Amérique. Si vous avez plus de 30 ans, vos chances de vous remarier sont de l'ordre d'une sur deux. Ces chances diminuent rapidement après 50 ans.

Il y a à peu près deux fois plus de veuves chaque année qu'il y a de veufs. À cause de cela, la plupart des hommes âgés sont mariés tandis que la plupart des femmes âgées ne le sont pas.

Après avoir écouté et des veufs et des divorcés, j'ai l'impression que les veufs restent seuls plus longtemps que les divorcés. En majeure partie, on peut attribuer cela à la loyauté que les veufs éprouvent à l'endroit de leur partenaire décédé. Il y a encore une autre «règle» culturelle: il est plus approprié pour un divorcé que pour un veuf de satisfaire ses besoins d'intimité.

Cela semble particulièrement étrange quand on pense que les veufs ont vécu habituellement une relation plus intime, plus durable, que les divorcés.

Les divorcés et les veufs disent que les rencontres sexuelles fortuites posent plus de problèmes que la frustration et la solitude de l'abstinence.

Bien des gens réussissent à sublimer leur énergie sexuelle. Toute activité artistique, créatrice et sociale vous permet de vous servir de votre sexualité de façon créatrice.

Quelques braves personnes m'ont dit ouvertement que la masturbation soulage temporairement la tension sexuelle, et qu'elle ne satisfait en rien le besoin de parler, de tenir ou de caresser une autre personne.

Je vous recommande d'aborder ouvertement la question. Vous devez en parler dans les groupes et avec votre conseiller. Il n'y a pas de solutions faciles. Il n'est pas utile non plus de faire intervenir la morale ou le jugement.

Dans son excellent ouvrage, *The Survival Guide for Widows*, Betty Jane Wylie parle au nom des veufs et des divorcés quand elle dit: «... les limites de votre comportement se trouvent en vous, et pas dans l'approbation de la société qui vous entoure[1]».

Questions d'argent

L'argent fait partie de la guérison. Vous trouverez peut-être que nous sautons du coq à l'âne pour passer ainsi de la sexualité à l'argent, mais cette dernière question revêt une importance particulière aux yeux des veufs ou des divorcés.

Quand j'ai demandé à un groupe de veuves ce qu'elles aimeraient le plus dire aux jeunes couples pour les préparer à l'éventualité de la perte du conjoint, elles m'ont toutes dit d'aborder la question de l'argent.

Si vous êtes veuf ou divorcé, votre revenu a sûrement baissé. Si vous êtes une femme, vous avez peut-être dû trouver du travail pour la première fois depuis des années. Si vous êtes un homme divorcé avec des enfants, vous savez désormais tout ce qui a trait à la garde des enfants et aux doubles résidences.

Mes amis veufs vous diraient de prendre un cours de tenue de livres si votre conjoint décédé tenait les cordons de la bourse et payait les factures. Si vous êtes une femme, mes amies divorcées vous diraient de vous établir un bon crédit le plus tôt possible. Pour ce faire, achetez quelque chose que vous pouvez vous offrir et remboursez-le rapidement sous forme de versements.

Vous aurez sans doute besoin d'en savoir davantage à propos de budget et de l'utilisation des cartes de crédit que vous n'en saviez auparavant. Avec le bouleversement émotionnel et le chagrin inhérent au travail du deuil,

1. Betty Jane Wylie, *The Survival Guide for Widows*, New York, Ballantine Books, 1984.

la dernière chose dont vous avez besoin est d'ennuis financiers.

L'alimentation et votre nouvelle vie

L'alimentation et la bonne forme physique constituent des ressources capitales pour votre guérison. On n'en dit pas assez au sujet du rôle de l'alimentation et de l'exercice dans le processus de guérison. Plus j'en apprends au sujet de l'importance de ces facteurs, plus je comprends pourquoi certaines personnes traversent le deuil beaucoup mieux que d'autres.

Albert est venu me consulter à cause d'une dépression. Il ne s'adaptait pas très bien aux revers financiers et aux déceptions personnelles. Il avait vu des psychologues et des psychiatres. Il prenait des médicaments pour combattre les symptômes de la dépression et participait à une thérapie de groupe pour mésadaptés sociaux. Rien n'y faisait. Il se sentait toujours plus mal.

Connaissant la nature professionnelle des traitements qu'il avait déjà reçus, j'ai refusé de le recevoir. Je me suis efforcé de le référer à un psychologue, mais il a refusé. J'ai fini par prendre rendez-vous avec lui, sans savoir ce que je ferais ensuite.

Quand il est venu me rencontrer et que nous avons commencé à parler, quelque chose dans ses propos a attiré mon attention: son alimentation. Il fut bien surpris que je veuille parler de ce qu'il mangeait au lieu d'aborder la question de ses problèmes émotionnels. Il fut encore plus surpris quand je lui ai demandé de consulter une diététicienne avant de poursuivre nos rencontres.

Le lendemain, il me téléphonait et parlait d'une voix excitée et pleine d'espoir. Les résultats des tests avaient montré qu'il souffrait d'hypoglycémie, un taux de sucre bas dans le sang. Dans les cas extrêmes, l'hypoglycémie peut affecter l'humeur de façon importante.

C'était sûrement ce qui arrivait à Albert. Il a changé son alimentation et sa dépression l'a quitté en moins de deux semaines. Sa capacité d'établir des contacts avec les autres est revenue à la normale. Il pouvait travailler à s'adapter à ses pertes avec une énergie et une détermination renouvelées. Aucun de ses problèmes antérieurs n'a refait surface.

Albert aurait pu suivre une thérapie pendant des années, prendre des médicaments et continuer de voir son amour-propre se désintégrer. Tout ce dont il avait besoin pour commencer une nouvelle vie, c'était d'un changement de régime alimentaire.

Il est aussi capital que vous portiez attention à votre alimentation durant toute la convalescence du deuil que ce l'était pour Albert. Vous n'avez peut-être pas de problème d'hypoglycémie, mais il y de bonnes chances que vous soyez allergique à certains aliments. Il arrive souvent que des allergies ou des sensibilités alimentaires affectent considérablement votre énergie émotionnelle.

Certaines substances chimiques que l'on retrouve naturellement dans divers aliments affectent positivement votre énergie et vos humeurs. Certains de ces agents chimiques accroissent la fatigue. D'autres poussent au sommeil, calment les nerfs et réduisent la sensibilité à la douleur. D'autres encore provoquent la réflexion.

L'abus de caféine, de sucre et d'alcool ne vous aide pas à contrôler le stress du deuil. Pas plus qu'un régime alimentaire composé en grande partie de nourriture frite.

L'annexe B contient une liste des genres d'aliments qui vous viendront le plus en aide.

Durant le travail du deuil, l'un des meilleurs investissements que vous puissiez faire est de consulter un expert en alimentation. Informez-vous des bons aliments et de ceux que vous devriez éviter.

La bonne forme physique

Je vous recommande aussi de faire le plus d'exercices physiques possible. *La marche est l'un des meilleurs exercices et elle vous aide énormément quand il s'agit de combattre la dépression.*

C'est toujours une bonne idée de prendre rendez-vous avec votre médecin et de procéder à des examens avant d'entreprendre tout programme d'exercices exténuants.

Dans la plupart des villes, on trouve des clubs de santé. Si vous pouvez vous le permettre financièrement, ils contribuent grandement à votre bonne forme autant sociale que physique, et cela vous donne de l'endurance pendant le travail du deuil.

Continuer à vivre

Vous pouvez devenir votre meilleur ami le long du chemin qui mène à la guérison du deuil. C'est l'une des grandes découvertes que vous ferez au cours du voyage qui vous fait passer de la perte à la vie.

Tous les exercices que je vous ai recommandés vous permettent de vous aider vous-même à retrouver le piquant de la vie et un sens profond du bonheur. Ce n'est pas facile et ça ne se produit pas rapidement. Mais vous pouvez émerger des profondeurs de votre perte en vainqueur.

Un jour, vous sentirez qu'il est temps de laisser le passé et de suivre le présent et l'avenir. Quand ce jour viendra, vous aurez terminé votre voyage et votre travail. Vous serez redevenu une personne entière.

CHAPITRE 16

Se préparer à une perte

Une nouvelle facette de la plénitude

Il n'y a pas moyen de se préparer à la perte d'un être cher!

Vous avez entendu cela bien des fois. Vous avez pu le dire vous-même. En fait, la plupart d'entre nous ne pensent pas qu'il existe une façon de se préparer à toute perte majeure de la vie.

Cependant, peu importe que la plupart d'entre nous croient qu'il n'y a pas moyen de se préparer à la perte, *ce n'est pas vrai!*

Si vous n'avez pas subi de perte majeure, vous devez savoir que vous n'êtes pas démuni devant la perspective de ce genre d'événement inévitable. Vous pouvez vous préparer à des pertes comme celles de la mort d'un conjoint, d'un enfant, d'un parent, d'un frère ou d'une soeur, d'un ami, du divorce, du déménagement dans une nouvelle ville ou dans une nouvelle province, de la retraite, du départ des enfants, d'une chirurgie majeure, du chômage, et de tout autre changement de l'existence.

L'occurrence d'une perte majeure ne vous prémunit pas contre d'autres pertes. Même si vous n'y étiez pas préparé la première fois, il n'y a pas de raison d'éviter de vous préparer maintenant.

Madeleine, dont le mari est malade depuis plusieurs années, a décrit son angoisse à propos de sa santé faiblissante. «Je me sens comme une fourmi sur la route d'une avalanche, déclare-t-elle. Tout échappe à mon contrôle et se précipite sur moi. Tout ce que je peux faire, c'est d'attendre sa mort, parce que je sais qu'elle vient. Je n'en parle pas, parce que je ne sais pas ce que je peux faire. J'attends en silence.»

Briser le silence

La première chose que vous pouvez faire pour vous préparer à la perte est de briser la conspiration du silence qui l'entoure. Un dicton fait dire aux gens: «Si vous *parlez* de quelque chose de mauvais, cela se produira.» Je pense, comme la plupart, que c'est une idée ridicule, et pourtant, nous continuons à garder le silence.

«Bill et moi n'avons jamais parlé de la mort», m'a confié une veuve. «Il a toujours cru que si nous en parlions, l'un de nous mourrait.» Ils n'ont jamais parlé de la mort, mais il est mort de toute façon à l'âge de 80 ans. Sa veuve n'avait jamais trouvé le moyen de lui dire bien des choses, et cette culpabilité s'ajoutait à son chagrin.

Deux ans après sa mort, elle ne pouvait plus s'occuper des innombrables plantes dont il avait orné leur maison. Elle aurait voulu lui dire qu'elle ne pouvait pas à cause de son arthrite, s'adonner au jardinage comme il le faisait, mais elle n'y est jamais parvenue. Elle craignait qu'il ne soit fâché parce qu'elle préparait le moment de son départ. Finalement, elle a dû se résoudre à enlever les plantes. Après cela, elle a connu plusieurs mois de dépression parce qu'elle était persuadée de l'avoir laissé tomber encore une fois.

Se préparer à la perte, c'est se préparer à la vie

Se préparer à la perte n'est pas une activité morbide. Ce n'est pas non plus présenter une vision pessimiste de la vie, mais une vision positive, réaliste. Ce n'est pas dire: *Les tragédies ne m'arriveront pas.* C'est plutôt affirmer: *Dans mon existence, je peux surmonter toute perte.*

Vous ne réussirez pas à éviter la peine du deuil ou les rouages qui ont été décrits dans cet ouvrage. Je ne connais pas de façon de passer par-dessous, par-dessus ou autour de la souffrance d'une perte majeure. Se préparer à la perte vous fortifie pour la tâche de prendre en charge votre deuil. Ce n'est ni facile ni agréable. Mais c'est nécessaire et possible.

Dès que vous décidez de faire ce que vous pouvez pour préparer les catastrophes inéluctables de l'existence, vous commencez à prendre votre propre destinée en main. Cela peut s'avérer une nouvelle expérience en soi. Vous ne vous sentirez plus aussi vulnérable et démuni. Les circonstances imprévisibles et futures de la vie ne pourront pas vous terrifier autant.

Pendant que j'écrivais ces mots, le téléphone m'a interrompu. On m'a annoncé qu'une petite fille de trois ans venait de trouver la mort dans un accident. *Les tragédies se produisent en ce monde!* Vous ne pouvez pas toujours les éviter. Vous pouvez vous préparer à faire face au deuil qui suit ces pertes-là.

Préparer votre corps au deuil

La santé physique est aussi importante que la santé mentale pendant le travail du deuil. Une bonne alimentation, des exercices, une quantité suffisante de liquides, et un repos adéquat sont tous aussi primordiaux *pendant* le deuil. Ces éléments sont également importants quand il s'agit de *se préparer* au deuil. Quels que soient votre âge ou vos déficits physiques, *vous* pouvez atteindre un niveau idéal de santé avec très peu de travail.

Je vous recommande de rencontrer votre médecin pour trouver le meilleur régime alimentaire et les exercices qui conviennent le mieux à votre situation. N'attendez pas l'épreuve pour prendre soin de vous.

Il n'y a pas de deuil parfait

Selon mon expérience personnelle, ceux qui ont des attentes irréalistes vis-à-vis d'eux-mêmes ne surmontent pas bien la perte et le deuil. Si vous êtes l'un de ceux qui exigent toujours un peu plus d'eux-mêmes, vous ajoutez une frustration et une culpabilité inutiles à votre deuil. Il n'y a pas de deuil parfait. C'est un moment d'erreur, de dérapage, c'est un moment où l'on avance de trois pas pour aussitôt reculer de trois autres, c'est le moment de vous rendre compte que vous faites de votre mieux et que ça ne suffit pas.

Pour vous préparer à la perte, cherchez toute attente irréaliste et changez-la. Apprenez à vous montrer plus patient à votre endroit avant d'affronter le défi du deuil.

Même si vous n'avez pas connu d'épreuve majeure, faites quelques-uns des exercices de ce livre. Demandez-vous comment vous répondriez à la mort d'un être cher, à un déménagement dans un lieu éloigné ou à un divorce. Quand vous entrez en contact avec vos émotions en ce qui a trait à l'éventualité de ces circonstances, vous commencez à vous préparer à des pertes inévitables.

La perte et le deuil ne sont pas des expériences plaisantes pour qui que ce soit. Mais elles surviennent quand même à un moment ou à un autre et, habituellement, elles se produisent plus d'une fois. Vous *pouvez* vous préparer à la perte de la façon tout aussi simple que capitale que j'ai énoncée ici.

Peut-être que le plus grand bienfait de la préparation n'est pas tant son apport *après* la perte, que son apport *avant* la perte.

La dernière chose que je souhaite que vous fassiez avant de refermer ce livre est d'entreprendre un voyage imaginaire. En lisant les mots qui suivent, laissez votre imagination vous emporter dans les lieux qu'ils décrivent.

La boîte secrète

Vous vous trouvez dans une prairie. C'est un bel endroit verdoyant où l'herbe ondule et des fleurs multicolores égaient les lieux. Le ciel est bleu, quelques flocons de nuages blancs s'y balancent. Fermez les yeux un instant et imaginez cette scène. Quand vous êtes prêt, ouvrez les yeux et continuez la lecture.

Vous marchez dans la prairie et vous parvenez à un lac de cristal bleu. Il y a une plage étroite sablonneuse. Alors, vous enlevez vos souliers et vous sentez le sable granuleux, réchauffé par le soleil brûlant.

Vous traversez la plage pour vous rendre à l'eau et vous y pénétrez. Maintenant, vous pouvez sentir la fraîcheur de l'eau et la comparer à la chaleur du sable. C'est très agréable. Si vous le voulez, fermez les yeux un moment, et laissez votre imagination vous emmener là-bas. Quand vous êtes prêt à reprendre le voyage, ouvrez les yeux et poursuivez la lecture.

Voici la partie étonnante. Vous marchez plus avant dans l'eau, vous la sentez entourer vos genoux et votre taille. Le fond du lac est très doux sous vos pieds. Il n'y a pas de roches ni de plantes aquatiques. Vous continuez d'avancer dans l'eau claire, fraîche qui ceint votre poitrine et votre cou.

Ce qu'il y a d'extraordinaire avec l'imagination, c'est que notre monde physique ne nous y contraint pas. Alors vous continuez d'avancer dans l'eau jusqu'à ce que vous

vous promeniez sous la surface! Merveille des merveilles, vous pouvez respirer l'eau comme si c'était de l'air, et vous ne flottez pas. Ce que vous voyez est si beau, et vous vous sentez en sécurité et rempli d'allégresse. L'eau est fraîche, elle vous détend, et, quand vous la respirez, vous savez pourquoi les poissons débordent d'énergie. Vous voudrez peut-être déposer le livre encore une fois pour un court instant et fermer les yeux pour en tirer l'effet idéal. Quand vous êtes prêt, continuez à lire.

En avançant plus profondément, la lumière diminue, à part un éclat lumineux très fort qui transperce l'eau au centre du lac. En vous approchant de cet endroit, vous trouvez une petite boîte déposée sur le sable. Elle a la forme d'un petit coffre de pirate, elle est faite de bois noir et a une poignée de cuivre.

Vous prenez la boîte et vous l'ouvrez. La lumière éclaire le contenu pour que vous puissiez voir nettement. Vous savez ce qu'il y a dans la boîte. Fermez les yeux pour que votre imagination puisse le voir aussi distinctement. Quand vous savez que c'est là, ouvrez les yeux et poursuivez votre lecture.

Refermez la boîte et emportez-la avec vous hors de l'eau, sur la plage. En vous dirigeant vers la prairie, une silhouette apparaît. C'est un homme. Il marche vers vous. Même s'il vous est étranger, il vous attire. Il sourit et vous savez que vous n'avez rien à craindre.

En vous approchant de lui, vous vous étonnez de vous sentir tout à fait à l'aise. Vous ne dites rien et l'homme ne dit rien non plus. Vous vous tenez très proches l'un de l'autre et vous ne faites que vous regarder.

Sans un mot, vous tendez la boîte, et l'homme tend les bras et la prend. Vous vous regardez l'un l'autre pendant encore une minute, puis il hoche la tête, vous tournez les talons et vous vous éloignez.

Vous retournez dans la prairie, pour sentir le soleil réchauffer votre dos et la brise légère qui vous entoure.

Vous marchez plus légèrement que vous ne l'avez fait depuis longtemps. Vous savez que la vie est vraiment bonne après tout. Et vous êtes guéri.

Quand vous avez fini, déposez le livre. Levez-vous et marchez pendant une minute ou deux. Remarquez que vous vous sentez un peu plus léger que vous ne l'étiez avant de commencer votre lecture. Votre vie a un peu plus d'équilibre.

Revivre après l'épreuve

Un peu plus tôt, j'ai recommandé de parler à quelqu'un qui a surmonté le deuil, et j'ai dit que c'était comme de parler à un aventurier. J'ai dit que ceux qui ont conquis le deuil parlaient plus de ce qu'ils avaient découvert que de ce qu'ils avaient perdu. Leur vie reflète les événements du passé, mais elle est centrée sur le futur. La mort et la perte ne dominent pas leurs pensées. Ils ont un sens de la joie plus fort que la plupart d'entre nous, parce qu'ils savent qu'ils peuvent surmonter tout ce que la vie leur réserve. Ce sont des gens compatissants. Ils ont plus de patience que la plupart des gens. Ils ont le respect de la vie et ils apprécient énormément les relations humaines.

J'espère et je prie pour que vous ayez surmonté le deuil comme vous avez parcouru ce livre, et que les autres pensent, en vous parlant, qu'ils s'adressent à un aventurier.

Que votre vie après l'épreuve soit remplie et heureuse!

A N N E X E A

Les mots pour exprimer les sentiments

Il n'est pas facile de mettre des mots sur des sentiments. La tâche s'alourdit encore quand nos sentiments sont très puissants, que ce soit de façon positive ou de façon négative. Nous disons souvent: «Le coucher du soleil était beau par-delà les mots», ou «Je t'aime plus que je ne saurais le dire». Nous disons encore: «Il n'y a pas de mots pour décrire la douleur que je ressens à cause de sa mort.»

Il est important de pouvoir mettre des mots sur nos sentiments, même si c'est difficile. Si nous parvenons à décrire nos sentiments de deuil, nous posons un baume sur notre douleur.

La raison primordiale pour laquelle nous avons tant de mal à parler de nos sentiments vient du langage que nous utilisons. Nous employons communément «je sens» au lieu de «je pense». Nous disons: «Je sens que la meilleure façon de le faire est...» Cette phrase décrit une pensée, pas un sentiment. Le mauvais usage de l'expression «je sens» crée un blocage à l'expression des émotions.

La façon la plus simple de vous assurer que vous décrivez bien un sentiment est encore de vous demander si vous pouvez substituer «je pense» à «je sens» et si cette substitution changerait le sens de vos paroles. Si vous parlez d'émotions, ce que vous dites ne fera pas de sens à la substitution.

Les mots qui suivent décrivent des sentiments, des émotions. En écrivant votre journal, en complétant les différents exercices, reportez-vous-y souvent. Trouvez le mot qui décrit le plus justement le sentiment que vous vous efforcez d'exprimer.

BONHEUR	COLÈRE	TRISTESSE
satisfait	outré	revêche
détendu	irrité	misérable
serein	furieux	désolé
paisible	fâché	malheureux
joyeux	contrarié	sombre
content	rageur	ennuyeux
enjoué	brûlé	affligé
gai	furibond	découragé
stimulé	exaspéré	déprimé
transporté	enragé	cafardeux
radieux	amer	terrassé
insouciant	furax	mélancolique
soulagé	courroucé	désespéré
extasié	frustré	triste

PEUR	TENSION	DOULEUR
craintif	tendu	blessé
tremblant	crispé	outragé
affolé	explosif	affligé
hystérique	faible	endolori
secoué	immobilisé	écrasé
horrifié	paralysé	torturé
anxieux	vidé	affecté
effrayé	vain	souffrant
pétrifié	oppressé	solitaire
alarmé	moite	déprimé
sombre	apathique	froid

COURAGE	IMPATIENCE	DOUTE
encouragé	captivé	incrédule
confiant	créateur	suspicieux
assuré	ardent	incertain
rassuré	excité	chancelant
fort	vif	désespéré
brave	avide	impuissant
déterminé	vrai	hésitant
fier	intéressé	vaincu
audacieux	curieux	pessimiste

ANNEXE B

Le rôle de l'alimentation dans la guérison d'une peine

Le rôle de l'alimentation dans la guérison d'une peine, d'un deuil, n'obtient pas l'attention qu'il mérite. Il est absolument nécessaire d'atteindre un équilibre convenable du point de vue de l'alimentation quand il s'agit de conserver la santé durant la longue et stressante période dont vous avez besoin pour surmonter une perte majeure.

Par exemple, si vous avez gagné ou perdu plus de 12,5 kg dans les mois qui ont suivi une perte, vous éprouvez probablement plus de problèmes physiques ou émotionnels que si votre poids n'avait changé que de 4,5 kg ou moins.

Certains aliments affectent de façon significative nos humeurs, autant positivement que négativement. Certains aliments nous donnent plus d'énergie, une meilleure résistance quand il s'agit de combattre la fatigue, ou bien nous aident à penser plus clairement.

D'autres ont un effet calmant, ils poussent au sommeil ou diminuent notre sensibilité à la douleur.

Les aliments que vous consommez le matin, l'après-midi, le soir et avant d'aller au lit influencent votre vie. Vous pouvez profiter du repos d'une bonne nuit ou vous rendre le sommeil presque impossible avec la nourriture que vous mangez et les liquides que vous absorbez.

Les études ont démontré que les gens endeuillés ont tendance à la déshydratation. Ce manque de liquides produit plusieurs effets secondaires, y compris une chute de l'énergie, un déséquilibre des électrolytes et une inhibition de l'élimination. Les breuvages qui contiennent de la caféine ou de l'alcool agissent comme des diurétiques et tendent à vous déshydrater davantage.

Les grandes lignes qui suivent veulent vous aider à établir un régime alimentaire qui vous soutiendra au lieu de vous nuire. Pour plus d'informations, et pour des conseils supplémentaires, consultez votre médecin ou votre diététicienne.

1. Mangez régulièrement, que vous ayez faim ou pas.

2. Buvez au moins 1/3 de plus *d'eau* que votre soif n'en demande. On recommande: 2,5 litres par jour.

3. Assurez-vous que votre régime quotidien comporte des aliments en provenance des quatre groupes alimentaires de base:

Produits laitiers — 2 portions
Viande — 2 portions
Fruits et légumes — 4 portions
Céréales — 4 portions

4. Il est préférable de consommer des portions plus petites, plus fréquentes que de sauter des repas pour ensuite absorber de grandes quantités tout d'un coup

pour faire le contrepoids. Quand vous mangez plus souvent et selon un horaire régulier, vous contrôlez davantage votre taux de sucre, votre équilibre énergétique et votre poids.

5. Planifiez vos repas pour vous assurer un équilibre des groupes alimentaires, la nourriture en boîte ou les aliments sans valeur nutritive.

6. Le déjeuner devrait contenir beaucoup de protéines et peu d'hydrates de carbone. Quand votre absorption de protéines surpasse celle d'hydrates de carbone, votre organisme a tendance à produire plus de stimulants naturels. Cela vous aide à diminuer la fatigue, souvent associée au deuil.

On retrouve des protéines dans la viande, le poisson, la volaille, et les légumes comme le soja, les noix, et les graines.

7. Avec le temps, les quantités de protéines et d'hydrates de carbone devraient s'équivaloir.

8. Les collations du soir devraient contenir plus d'hydrates de carbone complexes (pas de sucre) et moins de protéines. Quand votre absorption d'hydrates de carbone complexes surpasse celle des protéines, votre organisme tend à produire des substances qui ont un effet calmant, qui diminuent la sensibilité à la douleur et provoquent le sommeil.

Les hydrates de carbone incluent les pâtes, les fèves, le riz brun, les pommes de terre et les légumes.

9. Inscrivez d'avance ce que vous mangerez durant la semaine pour vous assurer un régime alimentaire équilibré.

10. Surveillez votre poids. S'il change de façon importante, voyez votre médecin.

EXEMPLE DE MENU

Déjeuner: 1 ou 2 oeufs, 115 g de jambon ou de saucisse de dinde, une rôtie de blé entier avec de la mar-

garine à teneur réduite en gras, un petit verre de jus d'orange. Pas plus d'une tasse de thé ou de café, à moins qu'il ne soit décaféiné.
Collation d'avant-midi: noix ou graines, fromages et biscuits, pomme.
Dîner: Sandwich au thon sur pain ou bagel de blé entier, fromage cottage écrémé 1% ou 2% (garniture de fruits facultative), salade verte avec vinaigrette, fruits frais ou en conserves, et un breuvage sans sucre.
Collation d'après-midi: fruit, légumes crus et breuvage.
Souper: poulet bouilli (de préférence, viande blanche, sans la peau), pomme de terre au four, légumes verts, pouding ou jello. Café ou thé décaféiné.
Collation de soirée: verre de lait, noix ou graines et pomme.

Buvez au moins un verre d'un demi-litre d'eau à chaque repas et à chaque collation.

LISTE DE CONTRÔLE ALIMENTAIRE

Utilisez ce tableau pour contrôler votre alimentation.

Date____________________________

Quantité d'eau absorbée (en litres)________

(Objectif: 2 litres par jour)

Produits laitiers (2 portions)

Viande (2 portions, 175 à 225 g)

Fruits (4 portions)

Légumes (quantité illimitée)

Céréales (4 portions de pain, de céréales ou de riz)

Breuvages à la caféine

Breuvages sucrés

Breuvages alcoolisés

Desserts

Votre poids____________________________

ANNEXE C

La formation d'un groupe de soutien

La formation d'un groupe de soutien est relativement facile. Parce que la perte majeure est une expérience universelle, vous n'aurez pas de problème à trouver des gens dans votre localité qui voudront participer.

L'une de vos premières tâches sera de décider quel sera le but du groupe. N'acceptera-t-il que des veuves et des veufs? Acceptera-t-il ceux qui ont perdu un enfant, un parent ou tout autre être cher? S'intéressera-t-il uniquement au deuil qui suit le décès? S'adressera-t-il aussi aux besoins des personnes divorcées? Voulez-vous que le groupe se limite aux gens de votre paroisse ou de votre voisinage?

Si vous fondez le groupe, réfléchissez à votre propre situation, à vos besoins, et commencez par là.

Une fois que vous avez compris l'anxiété initiale des gens quant à la rencontre d'étrangers, soyez assuré de trouver une réponse positive.

Les églises, les synagogues, les clubs sociaux, les organismes sociaux, les groupes de parents d'élève et votre propre cercle d'amis sont autant d'endroits pour recruter des participants à un groupe de soutien.

Il y a plusieurs façons de former un groupe. Ce qui suit a déjà servi avec succès:

Demandez à votre pasteur, ministre du culte ou rabbin de publier un avis de formation de groupe de soutien dans le bulletin paroissial. Demandez aux gens d'inscrire leur nom. Ajoutez votre nom et votre numéro de téléphone pour plus d'informations.

Placez un avis dans le bulletin d'un club ou d'un groupe social. Offrez aux gens de se rencontrer chez vous ou à tout autre endroit prévu.

Consultez un psychologue pour savoir s'il accepterait de participer à six ou huit sessions sur le deuil et sur la perte. Souvent, le conseiller ou le psychologue le fera gratuitement en échange de références éventuelles.

Parlez à des amis, suggérez-leur de se rassembler dans un but d'entraide en période de perte et de partage des expériences.

Publiez un avis dans un journal local, ou déposez des lettres circulaires dans les supermarchés, les pharmacies et dans tout autre endroit public pour annoncer la formation du groupe.

Quelle que soit l'approche que vous préconisiez, précisez l'objectif du groupe, sa durée, et le coût, s'il y a lieu.

Il est toujours bon d'inscrire une date de clôture de la première série de rencontres. Cela encourage les gens à venir régulièrement et permet une «sortie de secours» quand quelqu'un a des problèmes émotionnels trop sérieux pour le groupe.

Que chaque participant se procure une copie de cet ouvrage et s'en serve comme d'un guide.

Les groupes devraient compter au moins quatre personnes, mais pas plus de dix sans compter la présence d'un animateur chevronné.

L'organisateur devrait animer la première série de rencontres, à moins qu'un conseiller professionnel ne puisse s'en charger.

Si le groupe ne dispose pas des services d'un animateur expérimenté, son but diffère. *Les personnes inexpérimentées ne devraient pas essayer de pratiquer une thérapie avec les membres du groupe.* Cependant, il est très utile de fournir aux gens un lieu où ils peuvent parler librement, partager leurs expériences et leurs émotions, et s'appuyer sur un réseau d'amis. L'animateur inexpérimenté doit seulement comprendre les principes de la guérison du deuil qui ont été expliqués dans ce livre.

Les principes fondamentaux, pour un groupe autogéré, sont les suivants:

Les sentiments ne sont ni bons ni mauvais. L'animateur doit accepter autant la colère et la frustration que l'espoir et la joie.

Il faut beaucoup de temps pour surmonter la perte et le deuil. Reportez-vous aux étapes de la guérison du deuil au chapitre 3.

La première rencontre

La première rencontre du groupe revêt une importance particulière. Dans l'expectative de ce qui s'y passera, les gens s'y sentent souvent mal à l'aise et anxieux. L'animateur doit instaurer une atmosphère de détente. S'il n'y a pas de conseiller professionnel, il y a plusieurs façons de procéder:

Rendez la salle aussi confortable que possible, un éclairage doux (pas faible), des sièges douillets, placés en cercle, des étiquettes de noms faciles à lire, et l'éloignement du bruit sont autant d'éléments qui aident à créer l'atmosphère nécessaire.

On ne devrait pas autoriser la présence d'enfants, parce qu'ils causent trop de distractions. La garderie devrait se situer ailleurs.

S'il y en a, les rafraîchissements devraient se limiter aux breuvages légers jusqu'à la fin de chaque session. Les breuvages alcoolisés peuvent parfois poser des problèmes: évitez-les tout simplement.

À chaque séance, on devrait placer bien à la vue au moins une pleine boîte de kleenex. (J'en garde cinq sous la main, et j'en place délibérément une sur une table ou sur une chaise inoccupée au début de chaque réunion.)

En commençant, rappelez aux participants le but du groupe. Que chaque personne fasse connaître son identité et dise pourquoi elle a décidé de venir à la rencontre. Chacun devrait décrire le plus en détail possible la perte qu'il a subie. Encouragez-les à mentionner le nom du défunt ou de l'ex-conjoint.

À ce moment-ci, il est important que les autres écoutent sans dispenser de conseils. Il n'est pas rare d'entendre à répétition: « Je pensais que j'étais seul à me sentir comme ça!» L'animateur devrait relever les points communs des expériences du groupe.

Les gens se rencontrent surtout pour parler de leur épreuve et de leur vie, pour savoir qu'on les écoute et qu'on les comprend.

La réunion ne devrait pas dépasser 90 minutes et devrait se terminer à l'heure prévue. Qu'il y ait ou non prière à la fin de la séance est une question de choix personnel. Si vous choisissez de réciter une prière, qu'elle soit courte, directe et pas «moralisatrice».

Il est bon de dresser une liste des membres du groupe (nom et numéro de téléphone) et de la faire imprimer à l'intention des participants lors de la deuxième réunion.

La deuxième rencontre

On devrait disposer la salle comme lors de la première rencontre.

Assurez-vous que la boîte de papiers-mouchoirs est placée bien à la vue et à portée de la main.

Servez-vous des étiquettes d'identification si les membres du groupe ne se souviennent pas de tous les noms et s'il y a de nouveaux participants.

Que chaque membre du groupe se présente aux nouveau-venus en racontant brièvement sa perte. Les nouveaux membres sont ensuite invités à partager leur expérience avec le groupe.

Présenter les quatre points importants à retenir à propos du deuil, que l'on retrouve au chapitre 5. Prenez le temps de discuter chacun d'entre eux et d'écouter ce que les participants en pensent. Ne vous pressez pas! Vous pouvez passer la réunion sur le premier point: *la meilleure façon de surmonter le deuil est d'y plonger, parce qu'il n'y a pas moyen de l'éviter.*

Il est possible que des gens pleurent durant la discussion. Vous devez rappeler la justesse des larmes.

S'il reste du temps, demandez aux gens de parler des problèmes particuliers qu'ils ont connus la semaine précédente. Gardez à l'esprit que l'étape du deuil que traversent les gens détermine l'objet de leur partage.

À la fin, demandez aux gens intéressés à recevoir à la maison des appels des autres de s'identifier. Dites aux participants d'inscrire un astérisque à côté de ce nom sur leur liste. Le soutien que s'apportent entre les séances les membres du groupe aide souvent autant que les rencontres elles-mêmes. Il n'est pas inhabituel de voir se développer de cette façon des amitiés durables.

La troisième rencontre

Commencez par demander si quelqu'un a quelque chose à partager avec le groupe. Vous remarquerez que les gens s'écartent du sujet et abordent des questions qui ne sont pas directement reliées à la guérison du deuil. Si quelqu'un en est au stade du blâme des autres pour sa perte, par exemple, il peut parler plus des autres que de ses propres émotions. Si cela se produit, il appartient à l'animateur de ramener délicatement le sujet de la discussion à l'expérience précise des membres du groupe.

Distribuez du papier et des crayons:

Demandez aux membres du groupe de faire un tableau illustrant leurs humeurs au cours de la dernière année, conformément aux directives données à la page 104.

Demandez-leur de décrire leurs émotions à ce moment-là en termes de couleur, de goût, d'odeur, de toucher et de son.

Demandez à chacun de répondre à la question suivante: «Si je pouvais changer une seule chose dans ma vie en ce moment, qu'est-ce que ce serait?»

Allouez suffisamment de temps pour compléter le questionnaire. Quand tout le monde a fini de répondre, faites un tour d'horizon et abordez une question à la fois. Essayez d'obtenir des sentiments et des descriptions plus détaillées quand quelqu'un vous répond de façon superficielle.

Avant de terminer, donnez à chacun le «devoir» suivant:

Achetez un calepin de notes et faites-en votre journal.

Pour chacun des jours de la prochaine semaine, écrivez:
— un événement significatif qui s'est produit;
— la personne qui a été la plus importante pour chacun cette journée-là;
— les sentiments qui vous ont le plus affecté ce jour-là;
— les projets pour le lendemain.

Inscrire la date et l'heure en haut de chaque page.

Apporter le journal à la prochaine réunion.

La quatrième rencontre

Commencez cette séance et toutes les autres à venir avec l'invitation au partage que vous aviez lancée la semaine précédente, lors de la troisième rencontre.

Demandez aux gens s'ils veulent partager leur expérience du journal avec les autres. Il n'est pas rare que quelques membres du groupe aient «oublié» (réprimé) la tâche, ou n'en aient complété qu'une partie. Admettez que c'est tout de même bien et répétez votre demande.

Demandez à ceux qui le désirent de partager certaines parties de leur journal avec les autres. Vous pouvez leur demander de choisir une journée particulière et de lire ce qu'ils ont écrit ce jour-là.

Demandez aux membres du groupe de continuer à tenir leur journal pendant le reste des rencontres. Ils devraient y ajouter les annotations suivantes:

Les changements qu'ils ont observés en eux.

Des notes à leur propre intention.

Comme le groupe aborde un partage plus personnel, il est normal que certaines personnes disent qu'elles se sentent plus mal à la fin de la rencontre qu'à leur arrivée. *Rassurez les participants; dites-leur qu'il s'agit d'un signe de croissance.* Ce n'est pas un signe de recul, mais de progression. Ce n'est pas non plus un phénomène négatif, c'est plutôt un événement positif nécessaire, malgré son inconfort. Il passera, et ils se sentiront bien mieux s'ils n'essaient pas d'éviter ce processus.

Si les gens quittent à ce stade, efforcez-vous de garder contact et de les aider à maintenir une quelconque forme de soutien.

Si l'un des membres manifeste des symptômes du deuil altéré décrit aux pages 50 à 52, encouragez-le à demander l'aide d'un conseiller professionnel ou d'un psychologue.

Clôturez la séance de la manière devenue propre au groupe.

La cinquième rencontre

Après une autre ouverture de partage, révisez les directives suivantes relatives au travail du deuil et décrites plus en détail au chapitre 7:

Croyez que votre deuil a un sens et une fin.

Prenez charge de votre propre processus de deuil.

N'ayez pas peur de demander de l'aide.

Ne brusquez pas le deuil.

Discutez en groupe comment chacun perçoit ces lignes directrices. Avec quel élément éprouvent-ils le plus de difficultés? Quel élément leur donne plus de contrôle sur leur deuil?

Pour terminer, pratiquez ensemble le Respirateur 8-8-8 que vous trouverez aux pages 168-169. Répétez l'exercice plusieurs fois. À la fin, joignez les mains en formant un cercle et encouragez-vous mutuellement pour la semaine qui vient.

La sixième rencontre

Après l'ouverture de partage, demandez aux gens de parler des aspects autant positifs que négatifs de l'impact de la religion sur leur deuil.

Quand il s'agit de religion, il est très important d'admettre la vision et les émotions des autres. Certaines personnes sont très furieuses contre Dieu. D'autres n'arrivent pas à exprimer leur colère; d'autres encore nient leurs sentiments. Certaines personnes peuvent avoir renoncé à leur foi à la suite de leur perte. D'autres voient leur foi comme le facteur qui leur permet de poursuivre leur existence. D'autres personnes sont convaincues que Dieu a voulu les punir. D'autres encore vous diront que Dieu est venu chercher leur être cher. Quelles que soient les émotions exprimées, l'écoute reste la meilleure aide que le groupe puisse apporter.

Évitez les discussions philosophiques quant à la présence du mal dans le monde, à la raison qui se cache derrière les tragédies qui affectent les «bonnes» personnes, à la punition que Dieu impose par le biais du deuil.

Demandez aux membres de parler de leur expérience personnelle et d'accepter l'opinion des autres, même s'ils ne la partagent pas.

À la fin de la séance, pratiquez le Respirateur 8-8-8 plusieurs fois. Si le groupe en a envie, clôturez la réunion en joignant les mains et en récitant une courte prière de remerciement. J'ai l'habitude de demander carrément: «Seriez-vous d'accord pour réciter une prière avant de partir?» Je trouve que les gens répondent honnêtement quand ils trouvent dans le groupe une atmosphère d'ouverture et d'acceptation. Si les opinions sont partagées, permettez à ceux qui refusent de se retirer. La prière devrait être courte, positive et encourageante.

La septième rencontre

Ouvrez la séance en demandant aux gens de partager une partie signifiante de leur journal de la semaine précédente. Après que tous ont eu la chance de parler, demandez si quelqu'un a des problèmes de mémoire.

Vous pouvez être sûr que plusieurs d'entre eux connaissent ce genre de trouble. Les clés oubliées dans les voitures barrées, les clés de maison égarées, les rendez-vous manqués, les numéros de téléphone et le nom des gens oubliés se produisent tous fréquemment après une épreuve majeure. Dites au groupe que ces oublis font partie de l'expérience de deuil que vivent plusieurs personnes.

Encouragez les gens à conserver un jeu de clés supplémentaire dans une boîte magnétique placée sous l'aile de la voiture, ou à cacher une clé supplémentaire à l'écart des autres clés. Un voisin de confiance pourrait aussi garder un jeu de clés supplémentaire. On devrait écrire et conserver bien à la vue une liste des adresses et des numéros de téléphone les plus familiers et les plus fréquemment utilisés.

Posez aussi ces questions:

Est-ce que quelqu'un s'est déjà demandé s'il était le seul à éprouver ce genre de problème avec le deuil?

Trouvez-vous que les tâches routinières sont plus difficiles à accomplir?

Vous demandez-vous parfois si vous devenez fou?

Vous remarquerez que la plupart des gens du groupe ont expérimenté — en tout ou en partie — ces symptômes du deuil. On appelle ce phénomène *fragmentation;* il est tout à fait normal au cours des trois à six premiers mois après une perte majeure. Ceux qui ont dépassé ce stade se rappelleront le moment où ça leur est arrivé. J'ai parlé avec des gens dont la perte datait de plus de cinq ans et qui n'avaient jamais parlé à quiconque de leurs symptômes de fragmentation. Abordez le sujet et vous découvrirez que les autres gens éprouvent des symptômes similaires, ce qui aide souvent à soulever un poids des épaules des gens endeuillés.

L'un des bénéfices supplémentaires de ce partage est le lien qu'il crée entre les divorcés et les veufs. Souvent, quand les veufs et les divorcés appartiennent au même groupe, il existe entre eux une certaine tension. Les exercices comme celui-ci aident à briser la tension en attirant l'attention sur les réactions à la perte et au deuil qui sont communes aux deux groupes.

Si le temps le permet après la discussion sur les oublis, demandez aux gens du groupe d'aborder les problèmes qu'ils ont avec les gens qui ne sont pas en deuil. Voilà un autre sujet qui rapproche les uns des autres tous les gens endeuillés.

Avec le groupe, reportez-vous à la section qui traite des relations avec les personnes qui ne sont pas en deuil, aux pages 178 à 181.

Comme devoir pour la prochaine semaine, demandez au groupe de penser au pardon en écrivant leur journal.

Qui a besoin de leur pardon pour n'avoir pas apporté l'aide nécessaire au moment de leur perte?

Blâment-ils quelqu'un pour leur perte?

Est-ce que quelqu'un a besoin de se pardonner?

Le partage du pardon ouvrira la prochaine rencontre.

Clôturez la séance en joignant les mains et en formant un cercle et laissez les membres du groupe exprimer le sentiment de cohésion qui vient de leur expérience commune des six dernières semaines.

La huitième rencontre

Ouvrez la séance en demandant au groupe de répondre aux questions qui suivent:

Quelle personne a eu de l'importance dans ma vie cette semaine?

Qu'est-ce que cette personne a fait pour moi?

Après ce partage, demandez si quelqu'un du groupe a du mal à s'endormir ou à se lever. (À ce moment-là, le sujet des problèmes de sommeil peut déjà avoir fait surface.)

Que les gens partagent leurs expériences. Vous trouverez peut-être une grande diversité parmi eux. Certains n'auront aucun problème de sommeil ou de fatigue. D'autres éprouveront tous ces symptômes. Encore une fois, les participants gagnent beaucoup à connaître l'expérience des autres.

C'est le moment de revoir l'information sur l'alimentation donnée à l'annexe B. Souvent, ce qu'une personne mange et boit lui donne plus d'énergie durant la journée et un meilleur sommeil durant la nuit.

Racontez au groupe l'histoire d'Adèle:

Après son divorce et une chirurgie pour une blessure à la jambe survenue à l'automne, Adèle n'arrivait pas à dormir. Elle devenait de plus en plus irritable, sa productivité au travail s'en ressentait, et elle prenait du poids. Sa jambe ne guérissait pas.

Elle est venue me consulter pour savoir ce qui n'allait pas avec elle tant du point de vue émotionnel que du point de vue spirituel. Après quelques minutes d'entretien, je lui ai demandé de décrire ce qu'elle faisait durant la soirée, et ce qu'elle mangeait et buvait après le souper, qu'elle prenait habituellement autour de 18:00 heures.

Adèle m'a dit que son anxiété augmentait à mesure que la soirée avançait. Au début, elle sentait une vague nervosité, mais à la suite de l'insomnie qui s'est produite à quelques reprises, elle a centré son anxiété sur la question.

Pour soulager l'inconfort et pour occuper son esprit à autre chose, elle s'est mise à résoudre des mots croisés aux environs de 21:00 heures. Elle buvait du chocolat chaud et mangeait des biscuits tandis qu'elle s'adonnait aux mots croisés.

Sans prendre conscience de ce qu'elle faisait, Adèle stimulait son organisme avec du sucre et de la caféine, pendant qu'elle activait ses facultés analytiques avec les mots croisés. Avec ce genre d'activités, il n'y avait donc pas moyen de s'endormir à moins d'y mettre des heures.

Je lui ai suggéré de substituer une tisane décaféinée au chocolat chaud et des légumes crus ou un bol de gruau avec du lait chaud aux biscuits. Je lui ai aussi recommandé de remplacer ses mots croisés par des poèmes ou des livres de photographies.

En trois nuits, Adèle a retrouvé le sommeil. Elle a aussi consulté une diététicienne que je lui avais recommandée pour lui présenter des suppléments vitaminiques. Peu après, sa jambe a commencé à guérir.

Prenez le temps qui reste pour partager les réactions des gens à l'histoire d'Adèle et à leur propre expérience.

Comme devoir, que chaque personne prépare un échéancier quotidien pour la semaine suivante. Ils devraient diviser la journée en trois parties: le matin, l'après-midi et le soir. Qu'ils notent ce qu'ils prévoient faire durant chacune de ces périodes pour la journée suivante.

Le calendrier des heures nocturnes après l'heure normale de coucher devrait être réparti en demi-heures, comme on le voit à la page 172. Ils devraient énumérer ce qu'ils feront durant chacune des demi-heures de la nuit jusqu'à l'heure habituelle du lever, au cas où ils ne pourraient pas dormir ou s'ils s'éveillaient au milieu de la nuit.

Je recommande d'énumérer des tâches qui doivent être accomplies, qu'ils n'aiment pas et repoussent le plus loin possible.

Ils devraient remplir ce calendrier chaque jour et le suivre aussi fidèlement que possible. Annoncez que l'ouverture de la neuvième rencontre portera sur les expériences de chacun avec l'échéancier durant la semaine.

Clôturez la séance de la façon qui est devenue habituelle au groupe.

La neuvième rencontre

La première chose à l'ordre du jour de cette rencontre est l'exposé de chacun sur son expérience avec son calendrier quotidien. Allouez assez de temps à chaque personne pour qu'elle fasse part aux autres de ses succès et de ses échecs. Dites-leur que, peu importe ce qui est arrivé, c'était bien, et qu'ils peuvent poursuivre l'exercice aussi longtemps qu'ils le désirent.

Distribuez une feuille lignée à chaque personne. Dictez la déclaration suivante et demandez à chacun de l'écrire tandis que vous lisez.

La tristesse que j'éprouve est une fleur à ma boutonnière. J'arbore en ce moment avec fierté ma vie blessée. Cette expression de mon deuil témoigne de l'importance et de la profondeur de mon amour pour (lui/elle/cette chose/cet état). J'accepte de ressentir l'impact total de mon deuil à titre d'hommage ultime et d'acte d'amour.

Je tracerai mon chemin au milieu de cette expérience et ne m'enfuirai pas.

(Signer votre nom)

Avant de signer cette déclaration, prenez le temps de parler des sentiments de chacun à ce propos. De quelle façon chacun perçoit-il son deuil comme une fleur à la boutonnière? Quels sentiments éprouvent-ils quand il s'agit de signer cette affirmation?

Certains membres du groupe voudront peut-être y apporter des modifications avant de signer. Permettez-leur d'apporter les changements souhaités pour rendre la déclaration plus vraie. Que chaque personne signe la déclaration. Servez-vous ensuite de papier collant et étalez l'ensemble des déclarations sur un mur où tous peuvent les voir. Que chaque personne affiche sa propre déclaration. Ce faisant, que chacun la lise à haute voix, y compris les modifications apportées.

Lorsque toutes les déclarations ont été affichées, prenez le temps de parler de l'expérience.

Le devoir de la semaine qui vient est d'écrire des lettres au deuil et les réponses du deuil. Vous trouverez une description de cet exercice à la page 176.

Clôturez la rencontre en recueillant toutes les déclarations affichées, en les empilant sur une chaise et en vous rassemblant autour d'elles, mains jointes. Ajoutez une courte prière ou toute autre déclaration relative à ce que représentent les affirmations.

La dixième rencontre

Commencez la réunion avec un partage des événements signifiants de la semaine.

Demandez aux gens de parler de leur expérience de lettres au deuil et des réponses. Ceux qui les ont apportées pourront vouloir les lire au groupe.

Il est important de soutenir quiconque n'a pas pu accomplir sa tâche. Il n'est pas rare que plusieurs personnes aient été dans l'incapacité de l'accomplir à ce stade-ci. Si vous acceptez les expériences de chacun, une discussion précieuse peut survenir, peu importe que les lettres aient été rédigées ou non.

Abordez la question des sentiments que les gens éprouvaient en écrivant chacune des lettres ou s'ils se sont butés à l'incapacité de le faire.

Quand tous ont parlé, que les membres du groupe mettent de côté tout ce qu'ils ont à la main. Dites-leur que ce qui suit est un exercice de relaxation en récompense de leur dur labeur.

Que chacun adopte une position qui lui convient, les pieds bien à plat au sol, les mains et les bras sur les cuisses, les yeux fermés. Commencez une pratique du Respirateur 8-8-8.

Lisez à haute voix l'exercice qui commence à la page 197, intitulé «Faire la paix avec le deuil». Votre ton devrait être paisible et doux, facile à entendre. Si vous ne vous sentez pas assez à l'aise pour lire le monologue, que quelqu'un d'autre l'enregistre sur magnétophone et le fasse entendre au groupe.

À la fin de l'exercice, prenez le temps de parler de l'expérience au niveau individuel. Rappelez-vous: il n'y a pas de réponse «bonne» ou «mauvaise». Quelle que soit la réaction des gens, elle est bonne pour eux et reflète leur propre personnalité à ce stade du deuil.

Comme devoir, demandez aux gens de tracer un relevé de leur alimentation quotidienne, en se servant de la liste de contrôle de l'annexe B. Ils devront apporter ces relevés à la onzième rencontre.

Finissez la rencontre de la manière habituelle.

La onzième rencontre

En ouvrant la séance, rappelez au groupe qu'il ne reste plus qu'une autre rencontre. Demandez aux gens de parler des éléments du deuil et de la perte qui les touchent le plus à ce moment-là. Qu'est-ce que chacun tient à ce que le groupe entende avant le démantèlement? En tant qu'animateur, vous devriez être prêt à discuter des éléments de la perte durant cette avant-dernière séance. On devrait aussi pouvoir parler en toute liberté de ces éléments.

Demandez au groupe de prêter attention aux informations de l'annexe B, relatives au rôle de l'alimentation dans la guérison du deuil. Demandez à chaque personne de présenter son menu quotidien durant la dernière semaine. Est-ce que tout le monde a tracé son échéancier? Si ce n'est pas le cas, pourquoi? S'ils ont tous dressé cet échéancier, qu'ont-ils appris de leurs forces et de leurs faiblesses du point de vue alimentaire?

Vous pouvez inviter une diététicienne à cette rencontre.

Ensuite, parlez de la forme physique de chacun. Quarante-cinq minutes de marche rapide peuvent faire des merveilles pour remonter le moral et apaiser la dépression. Suggérez à tout le monde de subir un examen médical s'ils n'en ont pas subi depuis leur perte. C'est tout particulièrement important pour ceux dont le deuil date de quatre à six mois.

Le médecin de chacun devrait autoriser et diriger tout programme d'exercices.

Clôturez la séance de la manière habituelle.

La douzième rencontre

Prévoyez des rafraîchissements spéciaux pour mettre fin à la série de rencontres. Allouez du temps pour les interactions informelles et l'amitié avant le départ des gens.

Ouvrez la séance en rappelant à tout le monde qu'il s'agit de la dernière rencontre. Demandez aux gens de parler de ce qu'ils ont gagné aux rencontres et comment ils se sentent maintenant qu'elles se terminent.

La plupart du temps, certains des membres du groupe tiendront à continuer les rencontres. Vous devriez décider avant cette réunion si vous voulez ou non poursuivre avec le groupe et en continuer l'animation. De toute façon, il est préférable de laisser passer au moins une semaine avant de poursuivre les activités.

À ce stade-ci, on prend souvent la décision d'accepter ou non de nouveaux membres. Rappelez-vous que les nouveau-venus n'auront pas fait les exercices ni vécu les expériences des «vétérans». La plupart du temps, à moins qu'un animateur chevronné ne dirige le groupe, je pense qu'il est préférable de démanteler et de recommencer, ou de fonder un second groupe pour les nouveau-venus et de poursuivre le même travail avec les membres originaux qui veulent le faire.

Il est très important que personne du groupe actuel ne soit poussé à continuer.

Après que chacun a parlé, demandez au groupe de procéder à l'exercice de la page 205, intitulé: «Meilleur ami — pire ennemi». Partagez les résultats de l'exercice entre vous.

Terminez la séance et la série de rencontres sur «la boîte secrète» de la page 221. Vous devriez faire office de narrateur au lieu de laisser chacun des membres du groupe lire pour lui-même.

Après l'exercice, rassemblez-vous en cercle et remerciez-vous les uns les autres de votre soutien et de votre attention. Clôturez avec une courte prière ou toute autre déclaration positive.

Index

IMPRIMERIE L'ÉCLAIREUR
Une division de Groupe d'Imprimeries Quebecor inc
18134